U0531400

周恩来做人处世的故事

胡家模 编著

中央文献出版社

图书在版编目（CIP）数据

周恩来做人处世的故事 / 胡家模编著. -- 北京：中央文献出版社，2023.5
ISBN 978-7-5073-4923-8

Ⅰ.①周… Ⅱ.①胡… Ⅲ.①周恩来（1898-1976）—生平事迹—青少年读物 Ⅳ.①K827=7

中国国家版本馆CIP数据核字（2023）第057859号

周恩来做人处世的故事

编　　著：胡家模
责任编辑：颜晓晴
责任印制：郑　刚
封面设计：嘉胜时代&尽心斋

出版发行：中央文献出版社
地　　址：北京西四北大街前毛家湾1号
邮　　编：100017
网　　址：www.zywxpress.com
电子邮箱：zywx5073@126.com
销售热线：010-83089394 / 83072509 / 83089404
排　　版：北京中献唐人数字技术有限公司
印　　刷：北京晨旭印刷厂

787mm×1092mm　16开　14.25印张　168千字
2023年5月第1版　2023年5月第1次印刷
ISBN 978-7-5073-4923-8　定价：38.00元

本社版图书如有印装错误可随时调换
（电话：13601084124/13811637459）

序

给儿童点一盏不灭的心灯

童年究竟是什么？

童年，是才出壳的幼鸟；童年，是人生的重要阶段。

在青春年少时期的儿童，最容易受到伤害，也最容易被影响。因此，我们必须努力再努力，把全心全意帮助儿童构建生命的真正脊梁这件事做得有声有色。这就要求老师、家长、家庭、社会、政府、学校和媒体，都要学会给儿童的心灵点亮一盏让他们健康成长的灯，使他们优秀、高雅和完美的灯。这个话题并不深奥，相反，它只是一个普通的教育认知问题。一个孩子诞生出来，我们盼望他长大。作为人父人母人师者，如果不是尽力地培育孩子拥有健康的心智和良好的品格，而是把全部精力都放到孩子的分数上，这是与教育本质相悖的。诚然，教育的本质不是让孩子成为分数的巨人。孩子的成长，不仅需要智育，更需要培育他们具有纯洁善良的心灵和高尚优良的品格，此谓教育的核心，亦是人生的核心。只有核心对了，人生的路才可能走好。今天的教育，必须首先解决这个认知性问题，紧紧抓住教育的核心，让孩子们弄懂弄通一个大道至理：长路漫漫，谁能以积极的心态去做人处世，谁就能拥有心性至善至美至深的基石。再加上用功学习某种知识和技能，就必定既有方向，又有成功和幸福。唯有如此，才能拥有一种澄明的心胸，坦坦荡荡、踏踏实实，在滚滚红尘中，快乐地经历风雨，笑对人生。

然而，现在的实际情况是：有些家长和老师在应试教育的大环境中，重智育，轻德育；重分数，轻素质。这些家长的成长经历恰逢中国经济快速转型的时期，计划经济理念渐行渐远，市场经济意识扑面而来，两种截然不同的经济形态的碰撞，孕育和塑造了他们的思维方式。所以，他们中的部分人会很自然地以商业社会的思维方式来对待孩子，这就不可避免地使他们培养儿女，只在意让他们成才，具有某种知识和技能，别的，都无所谓。在这些家长看来，只要设法让自己的孩子把全部精力和心思都扑在学习上，就可以大功告成。因此，从幼儿园开始，家长们就肩负双重使命：一是跑路子，托关系，甚至不惜花大把的钞票，让孩子上重点小学、中学乃至大学；二是如同督战队督促孩子用功学习，心无旁骛。只要聚精会神、全心专一地学习就行，别的什么都不用管。别说家务活不用做，就连孩子的洗脸洗脚水，都由家长代劳。当然，这样教出来的孩子，已经成为事实上的"小皇帝"，饭来张口，衣来伸手，是很多孩子的特权，他们只会无条件地要求父母付出，而自己却感觉得到的一切都是应该的。更有甚者，对自己的父母动辄呵斥，甚至辱骂，以至于有人说不少父母早已沦为孩子的奴隶。

现在一些家长，把培养孩子的目标，仅仅定格在"才"上，每日念念不忘的，也是让孩子掌握文化知识，顶多再加上某种技能。他们过度关注孩子具有知识、技能，把包括道德修养在内的做人处世教育都忽略了，把涵盖包括父母、师长、朋友、社会在内的情感都割裂了，孩子变成了分数的机器，这时问题就快出现了，危险就快发生了。表面上看，一些孩子学习成绩优秀，可以"一俊遮百丑"，但却变成了没有良知、没有感情的人，变成了冷漠无情、对别人的苦难漠不关心的人，其目标仅仅就是成为学习成绩"优秀"的学生。诚如有学者批评的那样，中国的孩子，很早就学会撒谎，学会了矫情，学会了两面应付，学会了装乖。跟年龄不符的小大人，俯拾皆是。孩子们本该有的童真、纯洁，却不见了踪影。此话虽不完全正确，但也不无道理。2011年发生的某知名人士的儿子行凶打人事件，在很多他的同事眼里，其子是一个很乖、很听话懂事的孩子。但事情发生之后人们才发现，这个孩子竟然长期无照驾驶，而且擅自改装车辆，对他人一言不合，就动手开打。

不言而喻，一些家长及其家庭教育的败笔正是在这里。教育孩子好好学习科学文化知识至关重要，无可厚非，可一旦过度，一味重视智力因素，对其他的德、体、美、劳等方面的发展，甚至连如何做人处世的教育都是空白，那又怎么去期待孩子将来拥有幸福的人生呢？有很多真实的故事表明，读重点中学、大学的学生，在学校学习成绩优秀的学生，将来未必成就精彩，生活美好，除非他们掌握了知识、技能，又同时学会了做人处世的本领。否则，只有知识、技能，不会做人处世，甚至在道德方面近乎一纸空白的人，其行为往往是可怕的。据报载，2011年4月1日，一位留日学生在上海浦东机场因学费问题和母亲发生争执，旋即拔刀刺伤母亲。事件发生后，很多人都深感惊诧，百思不得其解，这个23岁的男孩究竟怎么了，究竟为了什么会伤害自己的亲人？！毫无疑义，这是孩子的家长过分重视智力教育，忽视非智力因素培养的结果。在这种家庭教育观念、教育方式下，孩子完全没有树立起高尚的品格，也完全没有把握住做人处世的本领。这不仅是孩子的错误，父母的错误，也是学校教育和社会的悲哀。

每当思索到这种悲哀，笔者不禁想起斯蒂文森的诗《点灯的人》。在这首著名的诗篇中，诗人浓墨重彩地大写了一个人。请看：每天太阳渐渐敛尽了它通黄的光线，李利先生就扛着梯子走来，然后稔熟地把街灯点亮，让明亮的灯光照着人们前行……笔者突然想到，我们敬爱的周恩来总理，就像斯蒂文森笔下那个每天傍晚把街灯点亮的点灯人。他立言立行，善做善成，用自己的言行点亮一盏盏让人成长的灯，让人优秀、芳洁和完美的灯。无论在人生的波澜和岁月的磨砺中，还是在历史的沧桑和命运的风雨中，周总理做人、处世，都彰显出生命的意义，造就了人生的真善美。由此，笔者在采访所得的大量素材基础上，还从浩如烟海的文献资料中摘编出一些精粹片断，并给每个片断配上一篇言简意赅的短评，意在把他在"做"上下工夫的光辉实践，编写成一个个真切、有趣、精彩而又不会朽去的故事，也就是首先适合少年儿童、令少年儿童在阅读时感兴趣的故事。让孩子们在兴致勃勃地阅读和传播的同时，不知不觉间，从故事中明白什么是真善美，什么是优秀和优雅，什么是睿智与大度……这样，无异于在孩子们幼小的心灵中点亮很多盏让其渐渐长大的灯，而且是朝着良知和理性的方向成长的灯。为了这个目的，笔者通过周恩来总理诸多生活中有声有色、感人至深的实例，讲述让孩子们可信可学的做人处世的大道至理，为孩子们提供一面镜子和一把标尺，使之懂得并学会做人处世，即坚韧、豁达、大度、诚信、仁爱、谦逊、宽容……唯其如此，漫长的人生之旅方可战胜坎坷，步履稳健，一路向前。

每个人都有童年，童年是生命中最迷人的风景，童年更是国家和民族的希望。诚如著名评论家荣智慧所说："在地球上的生灵之中，人类还很年轻，人类要持续地生活下去，就要给后人留住希望。这希望，就沉甸甸地寄托在人类的童年之上。"引领少年儿童、培育少年儿童，给少年儿童点一盏不灭的心灯，照亮他们的前程，使每个孩子燃起希望和勇气、正直和善良的火焰，是一代又一代中国父母和老师的追求和梦想。这本书正是为此而奉献给中国几亿小读者的礼物。笔者衷心希望它成为小读者的枕边书和良师益友，激励你们的人生，启迪你们的智慧，成就你们的梦想。

末了，笔者还想强调一下，虽说此书是小读者的良师益友，但它又何尝不是中青年和老年朋友的良师益友呢！某童话作家为萤火虫写下墓志铭："只有在振翅的时候，才能发出光芒。"真正没有遗憾的人生，不是也应该"展翅发光"吗？！人们常常感叹人生苦短，在这短暂的数十个春秋里，你若没有行动，没有做人处世的出彩实践，怎么能在回首往事的时候，"不因虚度年华而悔恨，也不因碌碌无为而羞愧"呢？！"每个人都是人间的匆匆过客，唯有生命的品格能够成为我们来过、走过的见证。"朋友，你说呢？

胡 家 模
2020年1月9日

2018年3月1日,在纪念周恩来同志诞辰120周年座谈会上,习近平总书记在高度评价周恩来的丰功伟绩和高尚品德时,曾说过这样一段话:"周恩来同志是近代以来中华民族的一颗璀璨巨星,是中国共产党人的一面不朽旗帜。周恩来同志的崇高精神、高尚品德、伟大风范,感召和哺育着一代又一代中国共产党人。"

的确,周恩来那无与伦比的才干和贡献,以及独具魅力的崇高人格,都足以说明他是中华民族历史上流芳千古的伟人。他的丰功伟绩彪炳史册,他做人处世所展现出来的高尚品德,永远铭刻在中国各族人民心中,永远为后世所景仰。

——作者题记之一

在中国，周恩来总理赢得人民由衷的敬仰和爱戴。这种敬仰和爱戴，集中表现在1976年1月11日下午，北京十里长街两侧，百万群众冒着严寒，自发地为总理送灵的动人场面；表现在整个北京城和中国960多万平方公里的土地上，都沉浸在巨大的悲痛之中，人们顿足捶胸，哭声不绝，气氛悲痛至极。英国著名传记作家迪克·威尔逊说："周恩来是中国'上层社会'中的一个人，不仅在中国大陆，而且在台湾、香港地区和其他国家受到非共产党中国人的爱戴和尊敬。究竟是什么原因使周恩来获得了包括他的同事、下属在内的如此广泛的人民发自内心的拥戴？获得了反对他的人，甚至他的敌人的由衷敬意？"

时光荏苒，周总理离开我们40多年了，如今每每念及周总理，每每回眸周总理的人生，许多人仍然心潮澎湃，难掩激动。是什么样的精神品质，能凝聚着穿越时空、历久弥坚的人心力量？

让我们还是从《周总理做人处世的故事》中细细品嚼吧！

——作者题记之二

卷 首 语

"少年智则国智，少年富则国富，少年强则国强，少年进步则国进步"，梁启超在《少年中国说》中的这句话，可以说是历久弥新、耐人寻味的精湛妙语。

常言道："每个青少年的命运全系在他所受的教育上。"然而什么是最好的教育呢？这个问题久久在我脑海里萦绕着，挥之不去。于是我想起了"以人为镜"这个词。这个可以作为"镜子"的人是谁呢？就是我们敬爱的周恩来总理。以他作为镜子，可以知道自己的得失！为这缘故，我撰写了这本《周恩来做人处世的故事》。

这本真实生动、意味隽永的故事集，我尝试了一种新颖的写作方式，即故事加点评。似乎不必解释读者就会明白，我的目的是想让读者在读到这些故事时，从感性到理性都能有所理解。故事材料来源，主要是我采访所得，其次摘编或节选了有关出版物的某些精辟片断。我希望有机会能拜谢这些故事素材的提供者，但诸多原因使我难以如愿，只能在心底深深地向他们致以谢忱。

我年事已高，写点东西颇为费劲，意味着"为伊消得人憔悴""吟安一个字，捻断数茎须""两句三年得，一吟双泪流"。但是，尽管动笔有着非同寻常的辛劳，我并不感到苦味儿。为什么？因为我心坎里常常牵挂着青少年如何茁壮成长，牵挂着他们如何成为祖国建设的有用之材、栋梁之材，并有时为此吃不下，睡不着，寝食不安啊。这种责任感和使命感，让我忘记了生理年龄，挥洒激情，奋笔疾书，写了这么点不尽如人意的文字，渴望能为青少年朋友立鸿鹄之志、做奋斗者，尽点微薄之力，并渴望青少年朋友拥抱新时代，奋进新时代，释放青春激情，追逐青春梦想，让青春在为实现中华民族伟大复兴的中国梦中焕发出更加绚丽的光彩！

胡 家 模

2021年5月1日

目 录

第一章 赤诚之心 许党许国

"为中华崛起而读书" ……………………………………… 3
   〔评〕把个人理想抱负融于强国梦 ……………………… 6
大家都来抵制鸦片 ………………………………………… 8
   〔评〕强我中国 ……………………………………………… 9
赵苞弃母之辩 ……………………………………………… 11
   〔评〕"尽忠报国" …………………………………………… 12
壮丽的诗作 ………………………………………………… 14
   〔评〕没有为国呐喊的精神是一种悲哀 ………………… 17
五个"不虚度" ……………………………………………… 19
   〔评〕切莫虚度光阴负韶华 ……………………………… 21

第二章 胸怀苍生 勤政为民

飞机上的传奇故事 ………………………………………… 25
   〔评〕心底无私天地宽 …………………………………… 27
一份珍贵的批示 …………………………………………… 29
   〔评〕"天下大事，必作于细" …………………………… 29
中国环保事业的奠基人 …………………………………… 31
   〔评〕"临渊羡鱼，不如退而结网" ……………………… 32

周恩来的四个昼夜 35
　　〔评〕中国共产党的密码 36
普通的观众 38
　　〔评〕把人民群众装进心窝里 39
手捧衬衫想总理 41
　　〔评〕人民需要这样的"官" 42
一张食道癌高发区分布图 44
　　〔评〕掂掂这张图的分量 45
公交车上的故事 47
　　〔评〕人生不能只有自己而没有别人 48
欢乐的龙舟赛和泼水节 50
　　〔评〕点燃群众的心灵之火 51
"毛主席派周总理来了" 53
　　〔评〕忧乐的先与后 55
急人民之所急 57
　　〔评〕"坐着谈，何如起来行？" 58

第三章　践行厚仁　大爱至美

科技人员的知音 63
　　〔评〕知识分子的知心人 65
亲自参加科学实验 67
　　〔评〕虚与实对，事必躬行 68
"这件事不能再延迟了" 70
　　〔评〕有一种力量能穿越时空 70

感人肺腑的"代悼词" ········· 72
　　〔评〕温暖关怀的无穷动力 ········· 75

第四章　严于律己　清正廉洁

一张闪光的收据 ········· 79
　　〔评〕事微意深 ········· 79
祖坟轶事 ········· 81
　　〔评〕一代楷模 ········· 81
不准扛我这块"牌子" ········· 83
　　〔评〕道是无情却有情 ········· 84
纯真的爱 ········· 86
　　〔评〕特殊与不特殊 ········· 88
秉建参军 ········· 90
　　〔评〕新家风和下一代 ········· 93
几封荡人心魄的信 ········· 95
　　〔评〕权重不移公仆心 ········· 98
人民的好当家 ········· 100
　　〔评〕"以人为镜" ········· 101
拒绝祝寿 ········· 103
　　〔评〕从这道禁令说起 ········· 103

第五章　取之有度　用之有节

简陋的办公室 ········· 107
　　〔评〕陋室生辉 ········· 109

周总理家的年夜饭 …………………………………… 110
　　〔评〕"克勤于邦，克俭于家" …………………… 111
我们不能搞特殊 ……………………………………… 113
　　〔评〕壮美的胸怀 …………………………………… 114
周总理的睡衣 ………………………………………… 116
　　〔评〕中国特色社会主义靠什么去建设 ………… 117
餐具、皮鞋和手表 …………………………………… 119
　　〔评〕俭以养德 ……………………………………… 120

第六章　谦虚谨慎　永不自满

两件平常事 …………………………………………… 125
　　〔评〕两桩细事一种美德 …………………………… 126
不能"一人得道，鸡犬升天" ……………………… 128
　　〔评〕"其身正，不令而行" ……………………… 130
难忘的缘 ……………………………………………… 132
　　〔评〕"敬人者，人恒敬之" ……………………… 133
两个细节的故事 ……………………………………… 135
　　〔评〕"连心总理" ………………………………… 136
"在支部里是党员，不是总理" …………………… 137
　　〔评〕关于称呼 ……………………………………… 138
"在这里都是普通劳动者" ………………………… 140
　　〔评〕"特殊"寓于"普通"之中 ………………… 141
细节之歌 ……………………………………………… 142
　　〔评〕愿朴实、平凡、谦逊之风劲吹 …………… 143

在记者赶拍镜头的时候…………………………………… 145
　　〔评〕一滴水的光辉………………………………… 146

第七章　和以众处　与人为善

忠贞的友谊……………………………………………… 149
　　〔评〕为了共同的目标……………………………… 152
一碗青稞炒面…………………………………………… 153
　　〔评〕"老传统"一释……………………………… 154
情深谊厚的毛毯………………………………………… 156
　　〔评〕可贵的精神温暖……………………………… 157
抬担架…………………………………………………… 159
　　〔评〕友爱就是力量………………………………… 161
周总理和陈毅元帅……………………………………… 162
　　〔评〕"舍生取义"理当然………………………… 165

第八章　坚守信仰　乐观豁达

不同寻常的演讲………………………………………… 169
　　〔评〕站得高看得远………………………………… 171
困难时期不吃肉………………………………………… 172
　　〔评〕与人民共患难………………………………… 172
生命弥留之际的微笑…………………………………… 174
　　〔评〕笑的源泉……………………………………… 175
英特纳雄耐尔一定要实现……………………………… 177
　　〔评〕中国梦必须有理想信仰牵引………………… 178

第九章　勇于担当　鞠躬尽瘁

一张时间表……………………………………………… 181
　　〔评〕甘为孺子牛………………………………… 181
不熄的灯光彻夜明……………………………………… 183
　　〔评〕指引人民前进的灯塔……………………… 184
机组人员的回忆………………………………………… 186
　　〔评〕忘我献身精神的赞歌……………………… 187
"我能休息吗？"………………………………………… 188
　　〔评〕值得深思的问号…………………………… 189
不寻常的办公用具……………………………………… 191
　　〔评〕"吐丝"的"春蚕"………………………… 192
警卫秘书的感慨………………………………………… 194
　　〔评〕关于"约法三章"的联想………………… 195
一张大字报……………………………………………… 197
　　〔评〕信仰的力量………………………………… 199
把医院当作办公室……………………………………… 201
　　〔评〕鞠躬尽瘁，死而后已……………………… 202
最后一次接见外宾……………………………………… 204
　　〔评〕"苟利国家，不求富贵"………………… 205
伟大的革命种子………………………………………… 207
　　〔评〕人心自有丰碑在…………………………… 209

主要参考资料…………………………………………… 210
后记……………………………………………………… 212

第一章

赤诚之心 许党许国

"为中华崛起而读书"

1910年仲秋的一天,周恩来随着伯父从东北铁岭启程赴奉天(现在的沈阳)。汽笛吼了一阵之后,火车喘着呼哧哧的粗气,缓慢而吃力地朝前移动,随后呼啸着穿越柴河向前行驶。周恩来时而凭窗远眺一望无际的高粱像醉酒的红脸大汉,荷咧咧地摇着脑袋在悠悠地唱;时而默然沉思着对未来读书环境的憧憬和向往,想着想着,不经意地流露出对新生活的美好期待,他无法抑止感情的激荡。

约莫个把时辰,列车畅通无阻地驶向终点。12岁的周恩来,进入奉天东关模范学校读书。这所学校坐北朝南,主要建筑是两栋青砖瓦顶、砖木结构的楼房,四周砌有两米高的围墙。墙外不远处有一条万泉河,清澈明亮的河水汩汩地唱,悠悠地流,伴着河畔草地上牧童的笛声,宛如童话般的景象。如此优美的环境,在奉天的小学校中实为罕见。

周恩来进校时,插入丁班(高等部六班)学习。这个班设置的课程有修身、图文、算术、历史、地理、格致、英文、图画、唱歌、体操等十门。对于该校"校舍之宏,人才之盛,环境之美",周恩来赞赏不已。他在这里接触到许多新知识、新事物,宛如登上高楼,眼界大开。但他觉得学校的课程还不够,便常到图书馆阅读各种进步书刊,受到了先进思想的影响。他为反动的清朝政府推行丧权辱国的政策而忧虑,为帝国主义列强加紧瓜分中国而惆怅。他常思"天下兴亡,匹夫有责",常想"捐躯赴国难,视死忽如归""使国家富强不受外侮，足以自立于地球之上"。

周恩来入学第二年的初冬，一个晴朗的日子，教学楼上一片绯红色。迎着早晨的阳光，讲修身课的先生走进教室，开门见山以"立志"为题，启发学生志存高远，奋发向上。他说："有志者事竟成。墨子曰：'志不强者智不达'。同学们正值青春年少，表明心志正当时。今天，我以'读书为什么'为题，请大家表述自己的看法。"

有人开头炮："孔子倡导仁爱，为仁爱遵礼而读书。"

先生朝答者看了一眼，微笑道："不失为一种志向。"

"我为了帮助家父记账而读书。"又有人回答。

教室里一阵哄笑。这哄笑声，把室外刚刚落在树上的黄颈红冠的啄木鸟吓跑了。先生眼睛里闪烁着不可捉摸的光焰，像厌弃，又像否定。

"学而优则仕"，一个县太爷的儿子说得挺得意："读书，自然就是为了当官发财，光宗耀祖。"

又是一阵哄堂嬉笑，先生不禁摇摇头，一双原本慈祥的和善的眼睛，顿时蒙上不爽的色泽。

这时，先生把目光对着周恩来："你从江南淮安老家不远千里而来，你读书又为了什么呢？"

瞬间，中日甲午战争、马关条约、八国联军入侵、火烧圆明园……如同闪电般涌入周恩来的脑海，中国面临着被世界列强肢解和瓜分的严重危机啊！这一幕幕使他深感切肤之痛的现实，促使他激昂、庄重地把全部力量压进了这最简单的八个字："为中华崛起而读书！"

"好，很好！"先生连用两个肯定的词，笑容可掬地点赞道："甲午中日战争后，清朝政府可耻地屈服，我们这个泱泱大国已经是个奄奄一息的巨人，一群群恶狼争先恐后地扑上来，撕裂这个巨人的躯体，吞噬这个巨人的血肉，是可忍孰不可忍！凡热血男儿，关心国家的命运，在危难之时救国图存，甚至为国捐躯，都是责无旁贷的爱国之举。同学们当前应把'学而时习之'看成一件乐事，以便日后投身于中华崛起之伟业。古人云：'孔子登东山而小鲁，登泰山而小天下。'站得高才能看得远，志向远大才能报效国家。恩来同学志存高远，这是值得同学们仿效的，每个人都应以为'中华崛起而读书'为己任，奋发向上，去实现宏伟的志愿。"

周恩来品味着先生的这番话，觉得是肯定，是鼓励，也是鞭策。他更加喜爱读书学习，到了"发愤忘食，乐以忘忧"的境界。为了寻求救国救民的真理，他抓住那似水年华，乃惜寸阴，刻苦学习，各门功课都名列前茅，尤其作文写得出色，常常被先生批上"传观"二字，贴在学校的走廊里，供同学们观摩、学习。他写的《东关模范学校第二周年纪念日感言》被选为甲等作文，不仅收录在《奉天教育品展览会国文成绩》一书中，1915年还被收入上海进步书局出版的《学校国文成绩》和上海大东书局出版的《中学生国文成绩精华》等书。

周恩来在注重每门功课取得优异成绩的同时，还充分利用课余时间，如饥似渴地博览群书，尤其爱读政治、历史和科技方面的书籍。如卢梭的《民约论》、赫胥黎的《天演论》、孟德斯鸠的《万法精理》、郑观应的《盛世危言》、谭嗣同的《仁学》、顾炎武的《日知录》、梁启超的《饮冰室文集》、司马光的《资治通鉴》、达尔文的《物种起源》等。他不仅好学，把读书学习看成一件乐事，还把"学而不思则罔，思而不学则殆"作为座右铭，注重学与思结合，在学习中勤于思考，在思考中努力学习。

扬帆学海，探宝书山，勤学深思，陶冶了多灾多难时代一个少年的早熟。

1917年9月，周恩来东渡日本留学前夕，专程回到沈阳母校看望师友，见到郭思宁同学时，写下临别赠言："志在四方""愿相会于中华腾飞世界时"。他怀着献身中华民族解放事业的崇高理想，确信中华民族能立于世界民族之林的坚定信念远走海角天涯。

[评] 把个人理想抱负融于强国梦

在帝国主义列强和军阀政府恣肆为虐的年代，年仅13岁的周恩来在想什么呢？请听听他那掷地有声的回答：

"为中华崛起而读书！"

铿锵的话语，道出了周恩来拳拳爱国之心，殷殷报国之志。读书是为祖国，使国家富强不受外侮，自立于地球之上。因此，不管环境多么艰苦，他从不以为苦，反而以能胸怀祖国、发奋读书而感到自豪。这种自豪感是从哪里来的？它来自爱国主义的力量！

如今，100多年的时光过去了。我们的祖国已经进入实现中华民族伟大复兴中国梦的新时代。翻开世界史，从没有一个大国和平崛起的先例，而"和平崛起"是中国向世人响亮的回答。一位观察家说："中国的崛起就像一个另外的太阳进入了太阳系，她影响着这个系统的重力和磁场，也影响着周边的每一个小星球。"这种影响不仅是物质崛起力量的影响，而且是文明崛起力量的影响。为着这条强国之路，我们每一个青少年都要自觉地围绕"和平崛起"而读书，让读书托起中国梦，学习铺就强国路，文化凝聚民族魂。唯有如此，努力把个人理想抱负融入强国梦，才是当代中国青少年的必由之路。

也许有人认为，凡事都必须问一个"为什么"，现在，为什么要把读书与实现强国梦连在一起呢？因为，书籍是贮存人类代代相传的智慧的宝库，后一代人必须读书，才能继承和发扬前人的智慧。还因为，当今就人类的智慧而言，已经达到了很高的水平。须知，20世纪中期以来，以微电子等信息科技、核能等新能源科技、超导等新材料科技、人造卫星等空间科技、基因工程等生物科技和海洋科技这六大科技群体，标志着科学技术的发展开始进入全面突破、综合创新的阶段，科技与经济的结合日益紧密，产业技术升级日益加快，高新技术产业在整个经济中的比重不断增加。特别值得一提的是，人类进入21世纪后，数字经济、人工智能、纳米技术等前沿科学领域的发展可谓日新月异。与此同时，新技术、新产业、新业态等前所未有的崭新模式更是不断涌现。对此，我们的认知应紧紧跟上去。我国改革开放的总设计师邓小平一语千钧："科学技术是第一生产力。"我们要和平崛起，进而实现中华民族伟大复兴的中国梦，不抓好读书学习这件事怎么行呢？

"每一个不曾起舞的日子，都是对生命的辜负。"哲学家尼采的这句话告诉我们，美好年华不是用来虚度的，而是用来绽放的。要绽放，就要喜爱学习，要把读书学习与祖国"和平崛起"相结合，使之产生强大动力，达到"发愤忘食、乐以忘忧"的境界。在青春年少时期，要努力进入这种境界，那么我们将来得到的一定会是快乐、幸福和值得喝彩的人生。

大家都来抵制鸦片

1911年10月10日,湖北武昌响起了枪声,这里的革命士兵们一夜间取得了起义的胜利,为腐朽至极的清朝政府敲响了丧钟。在武昌起义胜利的12天后,即10月22日,湖南、陕西两省发生起义,树起了独立的旗帜。这些消息像狂风席卷着,像海涛汹涌着,传向长城内外。

霎时间,奉天东关模范学校沸腾了!正在这里读书的周恩来特别振奋,他毅然带头剪去了自己头上的长辫子,同时还劝告老师和同学也剪掉辫子。他盼望着,盼望着,革命浪潮再高涨些,高涨些。让中华民族站起来,让中国人民站起来。

在辛亥革命浪潮中,少年周恩来表现出了强烈的忧国忧民思想,以爱国为己任。他撰写文章,参加演出,积极宣传反帝反封建的新思想,新文化。他对演讲兴趣甚浓,多次在演讲中大声疾呼:旧的必然退去,新的必然上来,一个跟一个,历史在演化,在发展……有一次,在学校组织的演讲会上,他针对一些同胞吸鸦片的恶习与严重后果,发表了禁烟救国的演说。他满腔的热血仿佛涌到了喉际,声音抖动而有力:"有些人每日烟杆子、烟板儿不离手,烟枪烟泡不离口,自己对自己开火,自己毁灭自己,如此,国焉能富,民焉能强,不禁烟焉能救国?焉能强我中华?"慷慨激昂的话语,好像战歌一样在场地飞扬,人人振奋,一阵又一阵掌声,如同狂风卷起的大海波澜……周恩来越讲越动情,他激励大家团结一心,同心协力,都来抵制鸦片,挽救衰弱的祖国。听众都被这位少年的演讲所感动，有的扬眉，有的闪动着振奋的眼睛，有的禁不住悄悄对身边的校友说："谁听了这次演讲，谁就添了劲儿，长了胆略，多艰巨的事，都敢去做；多艰险的山岳，都敢去攀！"

〔评〕强我中国

鸦片输入中国，吸者日增，弊害甚大。对此种情形，一般的少年可能不会放在心上，也不会去作什么演讲，大声疾呼的。

然而，周恩来震动了，不安了，忍不住在大庭广众之中发表激动人心的演说。只是这一点，就使人不由伸出大拇指，暗自赞许道："真是了不起！"因为从这里人们看到了一种极可贵的新东西，一切爱国的炎黄子孙盼望、追求、努力奋斗的新东西——强我中国！

"我是中国人，当国家受到危害的时候，是无权袖手旁观、不去过问的。"周恩来正是这样，小小的年纪，心牵梦萦的是国家的安危，民族的命运。

今天，我们当然不需要去写文章、作演说，以宣传禁烟去强我中国，但强我中国之心还是不可少的。很难想象，一个连祖国的强盛都不去思索的人，会对国家、对民族有什么炽烈的感情。从现实看，有强我中国之心的人还是占绝大多数的。不过，光有赤子之心，不做富国兴邦之事还是无济于事的。只有像周恩来那样，用自己的行动去强我中国，才是值得大大提倡的风格。

在新时代中国特色社会主义的当今，我们青少年应如何矢志建功新时代，用青春之我去强我中国呢？习近平总书记的嘱托在耳畔久久回响："新时代中国青年的使命，就是坚持中国共产党的领导，同人民一道，为实现'两个一百年'奋斗目标、实现中华民族伟大复兴的中国梦而奋斗。"青春意味着朝气蓬勃，标志着生命的春天，象征着奋发的火炬。今天，新时代给了中国青少年建功立业的人生际遇，年轻人有了更多奋斗的空间，更多成功的可能。面对这样的时代，年轻人应当用青春的火炬，点燃自己的雄心壮志，点燃自己的干劲和智慧，自觉地"把自己的小我融入祖国的大我、人民的大我之中，与时代同步伐，与人民同命运，更好实现人生价值、升华人生境界，在祖国的万里长空放飞青春梦想"。

君不见，改革开放以来，无数的年轻人把爱国情、强国志、报国行自觉融入实现伟大梦想的奋斗之中，努力成为担当民族复兴大任的时代新人。"如在上一个网络纪元，27岁的马化腾创办腾讯，32岁的张朝阳创办搜狐……"入选100位新中国成立以来感动中国人物的青年歌手丛飞，"从1994年到2005年的十余年间，持续捐款捐物300多万元，资助了183名贫困儿童，认养孤儿37人，自己却一直过着清贫的生活，甚至将治疗癌症的钱悉数捐出。直到病魔残忍地将他带走，很多人才获知他的另一个身份——青年志愿者"。

"花开即是凯旋时。"在中国特色社会主义新时代，我们有足够的理由相信，更多充满青春活力的奋斗者正在路上，他们即将在花丛中绽放绚丽的花朵！我们更有足够的理由相信，周恩来在少年时代能做到的事，在矢志建功新时代的今天，待到山花烂漫时彰显奉献精神、彰显强我中国的人，一定比历史上任何时期都更多、更多！

赵苞弃母之辩

1911年深秋，过了"寒露"，又连续下了两次严霜，一望无垠的高粱穗，红得像无数的火把似的，在风中尽情地跳动着，似乎要加把劲儿把这火把举得更高些，更高些。这番奇异的景观与辛亥革命的熊熊火焰融合在一起，仿佛使奉天的革命气氛更浓了。

在这轰轰烈烈的日子里，或许先生联想到了什么，或许先生打算启迪学生什么，有一天，他在课堂上给学生讲了《赵苞弃母全城》的故事：赵苞是东汉末年的辽西郡太守，保卫着一方百姓的安宁。不料，居于北方部族的鲜卑人，突然大举入侵边寨掠夺，在兵荒马乱中强行抓走了赵苞的母亲和妻子，并以她们为人质，要挟赵苞屈服，但赵苞面临着患难而不忘自己的国家，始终没有动摇为国家不顾私情的决心，并率兵出战。这一仗，打得英勇顽强，干净彻底地打败了鲜卑军，辽西郡城保住了，但不幸的是，赵苞的母亲和妻子在受尽酷刑后，倒在了敌人的屠刀下，与赵苞永别了。

讲到这里，先生以这个故事为题，启发学生作文。他说："曹植在《白马篇》中有两句诗：'捐躯赴国难，视死忽如归'。同学们是高小年级，当知明辨是非，听了这个故事有何感想，大家不妨就此写一篇作文吧。"

对于这个故事，同学们看法各异。有的同学认为，中国有句古语，"百善以孝为先"，没有比孝更重要的事情了。赵苞弃母无异于"不孝"。"城失犹可得，母死不能复生。"

然而，周恩来在文章中，热情地赞扬了赵苞反对侵略，坚持以民族利益为重的战斗精神。他以"尽忠报国""天下兴亡、匹夫有责"这一类警语自勉，坚定地认为，要保卫家园，即使一字不识的普通老百姓，也是负有责任的，何况是守卫疆土的战士呢！他毅然认定：赵苞弃母不是"不孝"，而是"大孝"。他这种雄辩有力的见解，充分表达了少年周恩来对祖国的忠诚和热爱，也充分表现了他自幼就"慎思而明辨"，善于独立思考的学习精神。

〔评〕"尽忠报国"

读了《赵苞弃母之辨》的故事，感奋之余，不禁使人想到周恩来自少年时代就秉承的"尽忠报国"思想。在他的心目中，"尽忠报国"是被视为理所当然的事情。

请听他对《赵苞弃母全城》的见解：赵苞反对侵略，维护国家和民族的利益，宁愿弃母，绝不投降，此为大孝之至。

这是爱国主义思想的写照，是热爱祖国心灵美的集中体现，是我们中华民族所宝贵的国家至上精神！

由此想到周恩来的一些感人片断：为了寻求救国真理，他1913年远离家门，来到天津南开学校读书；1917年，他告别亲人，东渡日本求学；1920年，他又远涉重洋，赴欧勤工俭学。所有这一切，也都属于对祖国的忠诚和热爱，是值得人们尊敬的。

从周恩来"尽忠报国"的言行中，我们看到了爱国主义精神闪烁着光芒。在国难当头、民族危急的时候，他不是只顾自己一家，只求自己家人的安乐，而是时时以民族的命运、国家的前途萦绕于怀。因此，他甘愿忍受远离亲人的痛苦，不辞艰辛走出家门、国门，去探索拯救祖国之道。这是多么宽广的胸怀，多么高尚的情操！

"尽忠报国"，不能说是容易做到的事，需要有点弃私扬公的革命精神。所谓"天下兴亡，匹夫有责""匈奴未灭，何以家为""祖国若有难，汝应作前锋"等名言，都体现了"尽忠报国"，同时也体现了弃私扬公的精神。不难想象，既然要"尽忠报国"，就免不了要经受离别甚至舍弃亲人之苦。千百年来，我国有多少仁人志士，为了报效国家，曾经遇到过多少想象不到的艰难困苦啊！可见，要"尽忠报国"，没有弃私扬公的精神是不行的。

能不能做到"尽忠报国"，说到底是能否把人民的利益放在第一位的问题。唯有以国家和人民的利益为重，才是最可宝贵的，唯有把它发扬起来，才能真正竭尽自己的忠诚报效国家。心中只有个人利益，没有国家和人民的利益，那自然就只会与此相悖。这是必然的，毫无疑义的。

当今世界总的来讲人心趋向和平，反对战争，加上物质较丰富，世界大战打不起来，但国际争端诸多，各地动乱不断，也有以美国为首的西方国家试图阻挠中国崛起。因此，作为国之未来的青少年，务必要牢记热爱祖国，矢志不渝，天下兴亡匹夫有责等爱国主义的传统要义，同时还要把周恩来"尽忠报国"的可贵精神发扬光大，从容地应对各种挑战。

这就是《赵苞弃母之辨》的故事给予我们的深刻启示。

壮丽的诗作

1914年3月14日,早春一个万里无云的晴日,南开学校校园内柳条染绿,紫燕呢喃。此时,浓艳的夕阳爬上了柳梢,一阵阵潮润的微风吹来,那千万条金线倒垂的柳丝,迎着柔和的春风摇曳,如婀娜多姿的少女妩媚动人。

在这个俊妙无比的春景图画中,刚刚成立的南开学校敬业乐群会,为绚丽的春光平添了许多生趣。

由乐群、合群而爱国,层层递进的敬业乐群会成立之初,在周恩来主持下,创办了《敬业》杂志,还专门开辟了"飞飞漫墨"专栏。在这个专栏里,以"翔宇""飞飞""恩来"署名撰文、写诗、评论时局,宣传反帝反封建的进步思想,探讨救国救民的真理。尤其引人注目的是,他那热烈的爱国主义情怀凝聚的一首首诗作,更是一曲曲"以家为家、以乡为乡、以国为国"的忧国忧民之歌。1914年《敬业》创刊号上,发表了南开学校莘莘学子的21首诗,其中的《春日偶成》是周恩来最早的诗歌作品。

(一)
极目青郊外,
烟霾布正浓。
中原方逐鹿,
博浪踵相踪。

(二)

　　樱花红陌上，
　　柳叶绿池边。
　　燕子声声里，
　　相思又一年。

　　不是吟嫩嫩的、绿绿的小草偷偷地从土里钻出来，不是赞碧澄澄、清悠悠的溪水潺潺地流淌，不是颂姹紫嫣红、千姿百态的花卉开得蓬蓬勃勃，吸引周恩来浓墨重彩的是祖国的危难、民族的不幸、人民的痛苦。你看，用尽目力远望青郊绿色的原野，战争硝烟和黑暗的政治气氛不是如同浓浓的烟霾吗？孙中山为首的革命势力与袁世凯为首的反革命势力之争斗不是"踵相踪"接连不断吗？周恩来以深沉的目力和敏锐的政治眼光，透过对祖国之春、山河之美的描述，抒发出他忧国忧民、鞭挞黑暗、憧憬光明的热烈情感。

　　1916年4月，《敬业》第4期以笔名"飞飞"发表了《送蓬仙兄返里有感》三首。这是为送别同窗好友、敬业乐群会会长张蓬仙离校返乡前往日本留学前夕而写的。

(一)

　　相逢萍水亦前缘，
　　负笈津门岂偶然。
　　扪虱倾谈惊四座，
　　持螯下酒话当年。
　　险夷万变应尝胆，
　　道义争担敢息肩。
　　待得归农功满日，
　　他年预卜买邻钱。

（二）
　东风催异客，
　南浦唱骊歌。
　转眼人千里，
　消魂梦一柯。
　星离成恨事，
　云散奈愁何。
　欣喜前尘影，
　因缘文字多。

　　（三）
　同侪争疾走，
　群独著先鞭。
　作嫁怜侬拙，
　急流让尔贤。
　群鸦恋晚树，
　孤雁入寥天。
　唯有交游旧，
　临歧意怅然。

　　同学好友张蓬仙即将返乡，离情别绪，触动了周恩来写下告别的歌。在这三首诗里，不仅回顾了他与张蓬仙在南开学校奋然前行，携手集会结社，针砭时弊，共同切磋学问，砥砺品行的峥嵘岁月，更令人难忘的是，他通过对与蓬仙同学同生活、同战斗的怀念，抒发了为拯救黑暗腐败的社会、为探讨国家的前途命运而奋斗的豪情。诗中尤以"险夷不变应尝胆，道义争担敢息肩"的豪迈诗句，充分表达了国家兴亡的责任未了，仍须振奋精神，坚定斗志，不论前行路上多坎坷，多艰险，都得有"卧薪尝胆"的精神，争挑救国救民之重担，绝不可片刻息肩。

这壮丽的诗句，千秋万代留在历史的风雨里，成为我们后来人心中沉甸甸的希冀与奋斗的追求！

〔评〕没有为国呐喊的精神是一种悲哀

《壮丽的诗作》里所收录的前两首诗，作于1914年，后三首诗，作于1916年。当时，周恩来正在天津南开学校学习。

《春日偶成》，乍看是称颂大自然景色，细思则不然。周恩来描写祖国美好河山，赞美自然风光，不在于泛泛赞美，而在于透过这些描述，揭示"国破山河在，城春草木深"的现实，锋芒直指帝国主义和反动军阀，深刻揭露他们狼狈为奸、涂炭人民的滔天罪行，充分反映出他对当时政治现实的切齿痛恨和对国家命运的深切关怀，字里行间充满追求光明的热烈感情和强烈的爱国思想。

以《送蓬仙兄返里有感》为题的三首诗，他通过对与同学好友张蓬仙的共同战斗生活的回顾，很生动地表露了昂扬的战斗精神和拯救祖国的坚强信念。诗中的"险夷不变应尝胆，道义争担敢息肩"两句，用越王勾践卧薪尝胆的典故，表达了为了救国救民，准备"坐卧即仰胆，饮食亦尝胆"的大无畏英雄气概。

这样的诗，感情强烈，笔墨淋漓，恰当地抒发了周恩来心中只有国家利益，毫无自私自利之心的高尚情怀，表现了他炽烈的爱国感情。这种美好、纯洁的感情，永远是鼓舞我们前进的力量。

要做到有炽烈的爱国感情，不仅需要沸腾的热血，更需要有明确的政治上的美德。两百年前，法国哲学家孟德斯鸠说过一段发人深思的话："我所谓共和国的美德，是指爱祖国，也就是爱平等而言。这并不是一种道德上的美德，也不是一种基督教的美德，而是政治上的美德。"周恩来正是由于具备这种崇高的美德，因而他对祖国爱得坚决，爱得执着，爱得专一。

作为一个中国人，有没有这种"政治上的美德"，或者说有没有这种为国呐喊的精神是大不一样的。有为国呐喊的精神，在平常情况下就能尽心尽力，发挥才能，报效国家；在危难的时期，就能坚持斗争，赴汤蹈火，为国献身。没有为国呐喊的精神是一种悲哀，犹如啼血的杜鹃丧失了发声的能力，犹如奔驰的骏马被砍掉前蹄。当人对国之危难无动于衷，没有忧国之心，没有怒吼之声，甚至连一丁点属于正常人的情感都全盘丧失，那还算得上一个有着血肉之躯的活着的人吗？

周恩来壮丽的诗作告诉人们：没有为国呐喊的精神是一种悲哀。要学习先人"先天下之忧而忧，后天下之乐而乐"的政治抱负，有林则徐"苟利国家生死以，岂因祸福避趋之"的报国情怀，有大禹治水三过家门而不入的勤勉奉公、刻苦耐劳的斗志，有北山愚公"每天挖山不止"的坚韧不拔、锲而不舍的勇气，那么，一个富强和谐的社会，一个绚丽的中国梦，一定会在我们手中实现。

五个"不虚度"

年仅15岁的周恩来，于1913年以优异的成绩被天津南开学校录取。南开学校是当时国内一所著名的四年制中学，能考取入学实属不易。

怀着愉悦的心情，周恩来踏进南开学校读书。该校师资水平高，教学设备完善，学术气息比较浓厚，教育作风比较民主。这些无疑是促使周恩来努力学习的推动力，但更大的推动力却是中国当时外患侵逼、内政紊乱的时局。那时候，周恩来耳闻目睹袁世凯甘心卖国，军阀当政，蹂躏人民，天津和全国许多大城市一样，遍布租界，"洋人"横行，老百姓生活在水深火热之中。看到这种状况，周恩来非常痛心，非常忧虑，急切希望改造中国，使中国独立富强，屹立于世界民族之林。他志存高远，抱定救国拯民的志向，笃信好学，勤奋读书，并为此严格要求自己务必做到五个"不虚度"，即读书不虚度、学业不虚度、习师不虚度、交友不虚度、光阴不虚度。他确定了要这样去做，就千方百计地去躬行实践。"我的产业是这样美，这样广，这样宽，时间是我的财产，我的田地是时间。"他把德国伟大诗人歌德惜时的名言当作座右铭，牢记在心，如果无所事事地过了一天，或者浪费掉哪怕一个钟头，就觉得自己好像犯了大错一般。的确，在南开学校四年的学习中，他惜时如金，发愤忘食志于学，各门功课都以优异的成绩而出彩。

有这样一个细节：1916年5月的一天夜晚，南开学校笼罩在黑暗里，同学们都已进入甜蜜的梦乡，只有学校西斋35号宿舍还亮着灯光，与窗外一钩弯弯的新月相互辉映。周恩来挑灯夜战，全神贯注地构思一篇作文。他一面从众多的材料中寻找串起文章的那条线，一面焦思苦想地琢磨文章的结构、论点、论据，以及语言等。这一切，他都思考多时了。慢慢地，慢慢地，他那睿智、豁亮的眼睛停止了眨动，随着眼皮略微紧缩了一会又展开，他思考成熟了。于是，灯光下，他挥笔疾书，那笔尖下的文字，宛如溪水淙淙地流着……他到底在写什么呢？远处的雄鸡叫头遍了，周恩来身边的一位同学从睡梦中醒来，一眼看清同窗好友，轻声道："鸡都啼了，该歇息了。"只见周恩来一边点点头，一边提起笔来在文稿上方一挥而就，投笔后和衣而睡。那位同学一看，赫然是"诚能动物论"五个字，写得龙飞凤舞，颇为潇洒。

原来，这是1916年5月6日，南开学校组织的一次作文竞赛，参赛者二百余人，周恩来的选题是《诚能动物论》。

周恩来的这篇文章，论点明确，论据充分，以中外历史上一些名人的政绩，阐明在社会政治生活中必须真实无妄，诚实无欺。该文以点题结尾，十分精彩："虚伪可以惑少数人于终世，伪惑人类于一时，而决无惑世界人类于最长时期也。知乎此，则人类亦何乐相率以自炫诈术，而为非动物之事乎！且吾窃怪以今人之明，而终不免于欧洲血战，华人自争，使世界无宁日。丧无量数人之生命脑力，以供彼一二私人之指挥，其智可悯，其愚不可及也。"

第二天发榜，周恩来荣获第一名，同时得到"含英咀华"奖状。意在读书学习，善于深入理解消化，得其精华。

周恩来不仅国文成绩显著，代数、化学、历史等各科也十分优异，名列前茅实为常事。据1917年南开学校《第十次毕业同学录》对周恩来学习成绩介绍中记载："于全校文试，夺得首席，习字比赛，复列其名，长于数学，往往于教授外自出新法，捷算赛速，两列前茅。"

〔评〕切莫虚度光阴负韶华

五个"不虚度"，好得很！这是周恩来对自己提出的严格要求。他不但提出这五个"不虚度"，而且真正躬行实践。他为什么能做到这一点呢？

用周恩来自己的话作答，就是"为了拯救祖国"。正因为他学习不是为了自己，而是为了祖国，为了让祖国像一个巨人一样，巍然屹立在世界的东方。所以他才能自觉做到五个"不虚度"，抓紧一分一秒的时间，认真读书，顽强学习。看看他各门功课的优异成绩，看看他课外阅读《史记》《资治通鉴》《汉书》《三国志》《天演论》等大量中外书籍，不能不使我们感到惊叹！"为了拯救祖国"的学习目的，在他身上产生了怎样巨大的动力，在他心里发出了怎样灿烂的光彩！

今天，我们的学习环境和条件，比周恩来那时不知要优越多少倍，但我们有些青少年，为何不能专心致志地发奋学习呢？分析其原因，可以讲出十条八条，然而，其中的一个重要原因，恐怕就在于学习的目的不明确，不懂得学习是为了自己成才，成为有知识、有技能的劳动者，更不懂得学习是为了祖国，为了人民，为了建设中国特色社会主义，让中国梦早日实现。正是这两个"不懂得"，致使一些青少年虚度年华，让青春褪色，让人生失去出彩的光环。

好学是古人极为赞美的一种品质，也是中华传统历久弥新的一种品质。朱熹在《劝学》中说："少年易老学难成，一寸光阴不可轻。"青春年华易匆匆溜走，可学问上欲取得成就却很艰难，因为要抓住那似水年华，一年之中务求不虚度一日，一日之中务求不虚度一时。孔子以惜时好学著称，他把"学而时习之"看成是一件大乐事，自言"十有五而志于学"，到了"奋发忘食，乐以忘忧"的境界。他之所以能够取得巨大成就，以至成为国之圣人，至今深受世人的尊敬和爱戴，是与他青少年时期珍惜时间，刻苦学习钻研分不开的。唐代诗人杜甫在诗歌创作上之所以有杰出成就，重要原因之一就是青少年时期惜时如金，勤奋读书。他七八岁就熟读了许多古诗，以后又熟读了《诗经》《楚辞》直到六朝以来的诗歌。"读书破万卷"后，杜甫终于写出了《三吏》《三别》《春望》《丽人行》《兵车行》等千古不朽的佳作。

勤奋乃成功之母。古人如此，现代人更应如此。每个有志于为中华民族伟大复兴而奋斗的青少年，都应该从古人好学中汲取营养，更应该从周恩来的五个"不虚度"中受到教育，得到启示，把祖国装进心里，立志为振兴中华而读书学习。有了这股劲，这个正能量，就会自觉地学，顽强地学，奋发地学。长此下去，就可以收获它的丰硕果实。

切记：生命的意义在于不断地增加知识，在于无穷地探索真理。愿每一个青少年紧紧地跟着时间的脚步，学习学习再学习，努力努力再努力，切莫辜负年华，虚度光阴。

第二章

胸怀苍生　勤政为民

飞机上的传奇故事

1946年，周恩来曾诙谐地说："差不多十年了，我一直为团结商谈而奔走渝延之间。谈判耗去了我现有生命的五分之一，我已经谈老了。"

的确，谈判是周恩来政治实践活动的一个重要内容。别的不说，仅在重庆谈判中，周恩来以求真务实的科学态度，用大量确凿的事实，揭露蒋介石准备的全国内战，揭露美国马歇尔的假调解和实际上帮助蒋介石反共的阴谋，使全国人民、各党各派对反共内战的爆发精神上有所准备，并为战胜国民党反动派创造条件，不知不畏艰险地往返重庆、延安多少次，也不知忘我的紧张战斗多少回。而往返于渝延之间的旅途上，就有着意想不到的危险。

1946年1月30日上午，一架双引擎的军用飞机疾速地在延安机场跑道滑行，眨眼之间，轰然腾空，气浪冲开白云，掀起巨大的风飙，朝重庆方向飞去。

机舱里有两排面对面的座位，可以坐十三四个人，除了周恩来、随行人员和调到重庆八路军办事处去工作的同志之外，还有一个俊美可爱的女孩。她那一双水汪汪、亮晶晶的眼睛，像会说话一样闪着快乐的光亮。她是著名将领叶挺的女儿，名叫叶扬眉，才11岁。小扬眉在飞机上，既激动，又高兴，因为她很快就要见到日夜想念的爸爸妈妈，还有那在监狱里出生的、未曾见过面的小弟弟。她的欢欣，还有她的歌唱，使整个飞机里都喜气洋洋，充满欢乐的气氛。

谁也没有料到，正当小扬眉唱着笑着，大家也跟她一样笑着的时候，正在雄伟壮丽的秦岭山脉上空翱翔的飞机，突然被一股强烈的白色冷气团围住。顷刻间，一层厚厚的银光耀眼的冰甲，把整个机身机翼包了起来，于是，摄人心魄的场面出现了：飞机在无数大冰块的重压下，像一只冻僵了的白天鹅沉甸甸地向下坠落，越落越低，眼看就要完全失去控制了！

机长当机立断，一面命令机械师打开舱门，快速把行李扔下去，减轻飞机的重量，一面要大家赶快背好降落伞，随时准备跳伞。这时，机舱里忽然传来小扬眉的哭声，豁亮的大眼睛里露出恐惧的表情。原来她的座位上没有降落伞，她惊恐得不知怎么办才好，急得号啕大哭。

周恩来看到这种情况，猛地站起来，不顾飞机的颠簸，三步两步跨到小扬眉面前，迅速解下自己背着的伞包，急忙给她背上，并把手伸进衣兜里掏出手帕，替她揩眼泪，一边揩一边鼓励道："小扬眉不要哭，你要像你爸爸那样勇敢、坚强，越是在困难危险的时候，越是不要害怕。干革命，总是会遇到困难和危险，但只要勇敢起来和它斗争，都是可以战胜的！"

小扬眉听着周伯伯抚慰的话语，不由抬头凝视着周伯伯慈祥的脸，揉了揉自己湿润的泪眼，一种温暖的感觉渗透了她的全身，她觉得心头暖烘烘的，激动和感动交织在一起，一时竟说不出话来。

正在万分危急的时刻，飞机吼叫着、挣扎着，翅膀猛地一抖，冲出了冷气团。在正午的骄阳照射下，包裹在飞机身上的沉重冰甲，渐渐地变成了冰水，从飞腾的机身上滚落下去，千条银丝，荡漾空中，真像是轻纱帐幕一般。

好一派飞机劫后余生的风光。

好一幅难得一见的迷人图画。

在这样的风光画卷中,飞机像雄鹰展翅,高傲地飞翔,临近重庆机场上空,伶俐地改为盘旋状态,缓缓地在目的地机场安全降落。

〔评〕心底无私天地宽

"心底无私天地宽"这句话,早为人熟知。读了周恩来让降落伞的故事,不由思潮翻滚,感慨万千,心头又蓦地涌起这七个字来。这并非寻常的行动。"心底无私",在这里得到了完美的体现。

为了叶挺将军幼女的安全,周恩来甘愿让出关系到自己生死存亡的降落伞,这真是一个舍己救人的伟大壮举。舍己救人这个词,平时说说容易,但真的事到临头,用实际行动去兑现,却是一般人难以做到的事。

一事当前,尤其是一件艰险的事情当前,是先替自己打算,还是先为别人打算,这是衡量一个人思想境界高低的尺度。周恩来在关键时刻,不顾个人安危,把危险留给自己,把方便让给别人,这种思想境界是十分高尚的。

高尚在哪里?高就高在"心底无私"四个字上。它是周恩来心灵美的真实写照,也是他毫不利己、专门利人的生动体现,它与那种"为我"哲学是大相径庭的。

没有像周恩来那样的、许许多多的"心底无私"的革命者,哪有新民主主义革命的胜利?哪有今天社会主义社会的繁荣昌盛?哪有无限光辉灿烂的共产主义未来?

我们每一个青少年,都应该从周恩来让降落伞的故事中得到启示,把"心底无私"和生活实践统一起来,融为一体,无私地为中国特色社会主义事业贡献自己的一切。做这样一个"心底无私"的人,不是很值得自豪吗?!

一份珍贵的批示

你知道吗？在人生中，其实一句话，也可以成为令人称绝的奇思妙语；一件事，也可以成为映照人生的色彩。而且愈是经历历史长河浪涛的冲刷，愈加呈现出绚丽夺目的光彩。

1973年5月14日，敬爱的周总理的一份批示，就是如此。这份批示，历经40多个春秋，如今看看，还能让人心生感动，并令人的心灵得到净化。

先念、秋里、观澜、西尧同志：

请你们好好读下五月十四日的参考消息，（5251期）四版下栏关于世界气象变化的两篇报道，并要气象局好好研究一下这个问题，今年我们可能还会遇到南涝北旱的局面，请告农林部多多提醒各地坚持实行防涝抗旱的措施，不要丝毫松懈。

周恩来
一九七三.五.十四.六时

〔评〕"天下大事，必作于细"

1973年5月14日凌晨6时前，周总理看到当天送到的《参考消息》上刊载的两篇报道，得知世界气象的变化情况，同时联想到这个变化同我国旱涝的关系，便随即写下这份批示，明确指出：一是要国务院的领导同志好好读下这两条消息，二是要气象局研究一下这个问题，三是要农林部多多提醒各地坚持实行防涝抗旱的措施。

当许多人还在梦里露出幸福的微笑，当还在熟睡的婴儿脸上出现甜蜜的酒窝，当东方刚刚泛出一片鱼肚白……有谁会想到通宵达旦工作的周总理，正在这样为人民操劳着呢！

一张《参考消息》，两篇并不醒目的气象报道，牵动了八亿人民的总理，震动了这位伟大的公仆的心，他立即亲自动手部署如何防涝抗旱的问题。这充分说明，总理对人民怀着高度的责任感，对群众的痛痒关怀备至，体贴入微。古人说："天下大事，必作于细。"对关系人民群众生产和生活之类的事，想得细，并从大处着眼，细处着手，设法加以解决，这是同千百万群众心心相印、息息相关的生动体现。

问题并不仅仅如此，总理在特地提醒有关领导同志读那两篇报道时，不仅说明刊载在哪天的《参考消息》，而且说明了期数（5251期），更特地说明在四版下栏，如此细致、具体，显然是为了便于有关领导同志查阅，便于他们及时帮助人民群众解决防涝抗旱的实际问题。乍一看来，注明一下何期、何版、何栏，实为小事，不足挂齿，但小中有大，小中见大，这牵涉多少农民的收获，又牵涉多少群众的生活！这样说来，这个"小"，远非"小"字可以容纳的，它的意义是何等的大啊！

从这份珍贵的批示中，我们深深感到，周总理是怎样全心全意为人民服务，是怎样勤勤恳恳，兢兢业业，毫不利己，专门利人！周总理这些高尚的品德，将永远活在亿万人民心中，鼓舞人们前进。

中国环保事业的奠基人

据《经济日报》记者报道，国家环保局首任局长曲格平讲述过这样一个故事：

1970年12月初，日本社会党前委员长浅沼稻次郎的夫人浅沼享子来中国访问。周总理在接见日本客人的时候，了解到随行的浅沼享子的女婿是电视台一位专门报道公害问题的记者，就对他说："我要向你请教环境保护方面的问题。"总理特意约这位记者作了长时间的谈话，请他详细介绍了日本公害的状况，以及现在日本采取的一些对策。第二天，周总理就指示举行一次报告会，让这位记者来讲讲环境保护问题。并且要求：除了有关的科学技术人员之外，国家机关和各个部委的负责人也都要来听这个课。

报告会结束不久，曲格平办公室的电话铃响了："格平同志，昨天在现场，有很多部委的负责人和科技干部听了报告会之后，效果怎么样呢？"曲格平对周总理的询问作了痛快的回答。听到这样的结果，为中国环境保护工作殚精竭虑、呕心沥血的周总理眉头舒展、心情畅快。旋即，他对分组讨论报告作了批示，并叮嘱曲格平把这个文件发给出席全国计划会议的人。

由此，曲格平联想到两件事：20世纪70年代的一次会议上，面对着窗外弥漫的烟雾，周总理望了曲格平一眼，旋即环顾了一下与会者，十分严肃地说："首都烟雾弥漫，大气污染已经很严重了，要赶快采取措施解决啊！过去人们常说'雾伦敦'，我们弄不好就成'雾北京'了。这件事，不光是我要考虑，在座的各位都要开动脑筋，出点主意。"接着，他加重语气说："北京是首都，工业企业不要建太多，特别是有污染的工厂不要建在首都。要把北京建成一个清洁的城市，清洁的首都。"

"周总理不仅对北京的环境状况十分关心，对全国各省市的环境保护，同样十分关心。"曲格平清楚地记得，为了唤醒各方面对环境保护的重视，从1970年到1974年的5年间，周总理对环境保护至少作了31次讲话。1973年8月，虽然中国处在"文化大革命"的混乱之中，但是周总理毅然决定在北京召开第一次全国环境保护会议，专题研究和部署环境保护问题。借这次会议的东风，周总理决定在人民大会堂召开由党、政、军、民、学各界代表出席的1万人大会。

这次万人大会所掀起的环保理念，像燃起的熊熊烈火，照亮了长城内外、大江南北；像吹响的嘹亮的号角，唤起中国人，特别是各级领导对环保问题的重视。

会后，国务院成立了环保领导小组，下设办公室，全国省、市、县也同样相继建立机构，开展环境治理。就这样在"文化大革命"的一片混乱中，中国的环境保护事业艰难地起步了。40多年后，谈起这段历史，已耄耋之年的曲格平还是既激动又兴奋，他不止一次地说"周总理不愧为中国环境保护事业的奠基人"。

[评]"临渊羡鱼，不如退而结网"

常听到一些人议论，北京的雾霾天似乎是近几年才有的事儿。实际上早在20世纪六七十年代，北京的空气污染已经引起

第二章 胸怀苍生 勤政为民

了国家领导人特别是周恩来总理的高度重视。

听别人议论一百次，不如自己亲自做一次。古人有言曰："临渊羡鱼，不如退而结网。"站在深潭边希望得到水里面的鱼，还不如回去赶快编织渔网。因为想品尝鱼的美味，却不愿去编织渔网，而一味地站在水边观望、羡慕，鱼儿是不会从水中蹦到你的菜篮子里的，最好的办法只有一个，那就是去结网捞鱼。靠自己的努力一步一个脚印地去奋斗，最终才能迈向理想的目标。

周恩来总理正是这样做的。半个世纪前，他听到、看到北京空气污染，就亲自开始来抓这方面的事情。曾任中国首任国家环保局局长、首任全国人大环资委主任委员的曲格平先生，曾向媒体记者讲述新中国环保事业在周总理主持和推动下艰难起步的故事。他说，从1970年到1974年的5年间，周总理对环境保护至少做了31次讲话，并要求全国各省区市建立环保机构，齐抓共管这件大事。如果没有周总理高度重视和亲自推动，中国环保事业的起步也许还要推后许多年。

现在，在改革开放的推动下，我国工业化飞速发展，环境污染已经对人民的生活和健康造成很大的危害。以习近平同志为核心的党中央十分重视和关注环境保护问题。习近平主政浙江时就提出了"绿水青山就是金山银山"，党的十八大以来这种理念更加深入人心。2015年3月，"绿色化"的概念首次在中央政治局会议上提出，这是党的十八大提出的"新四化"概念的提升——在"新型工业化、城镇化、信息化、农业现代化"之外，又加入了"绿色化"，并且将其定性为"政治任务"。换句话说，这是"四化"变"五化"。

事实上，担任总书记之后，习近平无论是在国内主持会议、考察调研，还是在国外访问、出席国际会议活动，生态文明、生态安全都是他关注的重要议题。

在习总书记和党中央的推动下,"绿色化"被提到"五化"的地位,生态文明被提到与经济、政治、文化、社会并列的地位,中国特色社会主义建设的总布局开始成为全新的"五位一体"。这就是说,生态将不仅仅是生态环境部、自然资源部等相关部门的"片内"工作,而且将是全国一盘棋;不仅是"政绩",而且将是真金白银的巨大产业。

习近平在2014年11月举办的APEC欢迎宴上致辞时说:"希望北京乃至全中国都能够蓝天常在,青山常在,绿水常在,让孩子们都生活在良好的生态环境之中。"周恩来总理关注的环保事业,正在通过我们一代又一代人接续奋斗、不懈努力,变得越来越好。

周恩来的四个昼夜

20世纪50年代末至60年代初,华夏大地发生了严重的自然灾害,一连持续了整整三年。在此期间,"大跃进"的失误及苏联的连续逼债,如同雪上加霜,致使国民经济严重失调,国内经济形势十分严峻。这种状况令中共中央领导同志高度重视,党中央决定认真开展调查研究,纠正错误。在毛主席的亲自率领下,中央领导奔赴祖国各地深入基层进行社会调查,以便掌握第一手资料,调整相关政策。1961年5月初,周恩来总理来到河北邯郸武安县伯延公社进行调研。

周恩来到了伯延,本是盼望着听真话,看实情。但是,周恩来万万没有料到,他看到的是歌舞升平,听到的是一片赞扬,吃到的是鸡鸭鱼肉……这究竟是怎么回事呢?

夜深了,北斗星的斗柄低低地斜挂在屋脊上,周恩来仍旧没有睡意。想着白天公社主任粉饰太平的汇报,思考着干部们吞吞吐吐的言谈,总觉得不对劲儿。他茫然地起身,来回踱着步子,思索着,思索着,像是看出问题来了。

天亮了,沉睡的伯延大地在彩色的霞光中醒来。周恩来匆匆吃罢早饭,急切地迈动双脚访贫问苦。他走东家,串西家,坐在床沿边,矮凳上,结交贫苦的农民朋友,同吃,同住,同喝一碗水。他那赤诚的一言一行,像是一束束阳光似的温暖着农民朋友的心。在周恩来的耐心开导下,他交下的穷苦农友张二廷终于鼓起勇气,讲了实情,反映了公共食堂存在的问题。这时,周恩来看见张二廷的头上有好多的汗,忙掏出手帕帮他揩大滴的汗珠。正是这个细节，或者更准确地说，正是周恩来身体力行的感召，使一些"落后分子"受到鼓励，纷纷讲出了藏在心里的话。

这时候，公社主任终于幡然猛醒，承认自己采取了弄虚作假、报喜不报忧的行动，一味威胁干部群众不能说出真情，讲实话，甚至把那些平日里敢吐真言的人，统统扣上"落后分子"的帽子，关进邮电局的后屋里。为何要如此这般呢？原来作为革命老区贫苦农民后代的公社主任并不是出于恶意，而是基于朴素的阶级感情，怀着为党和国家分忧的心情，不忍心让总理看到农村的艰苦而忧郁、惆怅。

四天的实地调研使周恩来掌握了大量的一手资料。5月7日凌晨3时，周恩来和毛主席长时间通电话，向主席汇报人民公社包括食堂在内的四个主要问题。这四个问题都是当时农村情况的真实反映，建议的分量很重。毛泽东对这四点意见相当重视，他在周恩来的电话汇报记录上批示："发给各中央局，各省、市、区党委参考。"

随后，当时农村最困难也是最现实的公共食堂等问题，都得到合理解决，伯延和全国农村终于迎来新的曙光。

〔评〕中国共产党的密码

在国家面临重重困难的时期，年过花甲的周恩来总理来到河北邯郸武安县伯延公社进行调研工作。他深入农户家里访贫问苦，与最困苦的村民同吃、同住、拉家常……终于感动和感召了穷苦百姓，心甘情愿掏出了藏在心窝里的话。听了真言，了解到实情后，他向毛主席汇报，又经中共中央慎重研究，使人民公社大食堂等问题很快纠正过来。

　　实事求是地纠正错误，调整政策，真让人感到满满的正能量！正能量何来？仅仅来自总理深入最基层进行社会调查、仅仅来自他不眠的四天四夜吗？当然不是，这正能量更来自他"先天下之忧而忧，后天下之乐而乐"的政治抱负，来自他"苟利国家生死以，岂因祸福避趋之"的报国情怀，来自他"鞠躬尽瘁，死而后已"的献身精神。千言万语一句话：来自掷地有声的四个字——情系人民！

　　中国共产党人的根基在人民，血脉在人民，力量在人民。正因我们党从建党之日起，一直坚持人民至上的根本政治立场，与人民风雨同舟、生死与共，始终保持血肉联系，才能获得深厚的土壤与不竭的动力，才能与人民一起涉急流、过险滩，战胜一切困难和风险，取得一个又一个的伟大胜利。

　　人心是最大的政治。人心向背是党和国家兴衰的根本因素，也是决定事业成败的根本因素。紧紧地联系人民，依靠人民，想着人民，为着人民，从人民大众中汲取巨大的物质力量和精神力量。"正是这种力量让我们创造了中国奇迹，书写了中国震撼，找到了中国道路。"也正是这种力量给我们道出了中国共产党活力永存、生命不衰的密码：人民是天，人民是地，人民永远是我们党的中心词！

普通的观众

敬爱的周总理是人民群众最忠实的勤务员，时时刻刻事事处处都想着群众，关心群众，和群众心连着心。首都体育馆的建设，从馆址的选择，到馆里的各种设备和布置，周总理都亲自过问，详细检查。

首都体育馆落成前的一个深夜，周总理来到馆内。因为事先没有通知，馆内的负责同志已经睡了。当有人要去叫他们时，总理说，不要影响他们休息，我们自己看看就行了。周总理检查了比赛场内的灯光、音响后，还要上去看看观众的座位。有位随从人员想到周总理已年逾古稀，便禁不住轻声地劝了一句："总理，您年事已高，最好不要上去了吧。"

周总理朝他微微一笑，风趣地说："要勇于攀登嘛！"

这句诙谐的话音刚落，总理便迈开脚步，时而往上走一阵，时而止步看看四周，时而又向陪同的工程师询问什么。就这样，走走、停停、问问，一直上到第40排座位，并坐在观众席上，试试能不能看得清楚。

这一趟，要知道周总理费了多大的劲，先得看看当时的天气状况。八月是南方的酷热季节，北京也像下了火一样炽热，尤其是这雨后的闷热天，就是坐在家里不动弹，也会令人觉得一种难以忍耐的闷热。试想，已进入高龄的周总理，徒步登上40排座位，湿漉漉的汗水湿透全身，该有多少盛热暑气要忍受啊！

就这样，耐着高温，喘着粗气，周总理一步一步地登上了

40排座位，他踏下的每一个脚印，分明是给未来的观众带来方便，留下快乐。

〔评〕把人民群众装进心窝里

乳白色的银河，斜垂在东南角，一钩弯弯的月牙儿，已经显出疲倦的样子，夜已很深了，但我们敬爱的周总理并没有入睡，他驱车来到刚刚落成的首都体育馆内，详细视察建馆情况。他老人家70多岁高龄了，还攀上高高的40排，坐在座位上试试能不能看清楚。

首都体育馆的40排，坐着一个八亿人民的总理——周恩来！这何止是普通的生活小事啊，它反映了人民总理的政治本色。人民总理心中首先装着群众。一个体育馆落成，总理立刻亲自去仔细检查场地，他坐在高高的40排，想着场内最远的观众。对人民群众的事情如此关心，这只有心里时时装着人民的总理才能想得到做得到。它的意义，远远超过了上到高高的40排这件事情本身。

首都体育馆的40排，坐着一个普通观众——周恩来！这何止是生活小事，它体现了人民总理的高尚品德。人民总理对群众生活的大事小情总是牵肠挂肚放在心间。在河北邢台人民群众处于危难之际，首先深入余震未息的震区，站在群众之中领导抗震救灾的是人民总理；在首都体育馆落成的一个深夜，首先上到40排座位，坐在观众席上试试观众能不能看清楚的也是人民总理。这种时时刻刻把群众装在心里的品德，是十分难能可贵的。从这里可以看到总理的精神面貌是何等伟大，何等崇高！

社会的进步，国家的繁荣富强总是离不开那些与人民群众心连心的伟人，这些伟人总会被人民群众铭刻在心里。千百年来，这种和群众同呼吸、通血脉的志士仁人，都受到群众的高度赞扬。古时候的轩辕、尧、舜、禹，近代史上的林则徐、孙中山……这些人物能传颂至今，就足见人们对心里装着群众的领导者及其品德的推崇。今天，我国正处在中国特色社会主义新时代，如果我们每一个共产党员，每一个领导干部，都能时刻把人民大众装在心里，急群众之所急，想群众之所想，那么，我们实现中华民族伟大复兴的中国梦也就大有希望，时间也可以大大提前。

手捧衬衫想总理

　　1972年8月3日傍晚，晚霞已经褪尽，暮云渐渐遮住了周围的街道、树木和房舍。月亮尚未印在茫茫的天空，繁星亦未闪烁着智慧的光芒，只有街灯发着浅黄色的光，使得夜色更加朦朦胧胧。

　　这时，北京低压电器厂青年工人刘秀新，骑着自行车加速驶入了快车道，挡住了周总理汽车的去路。司机手疾眼快，瞬间把车刹住了，一场车毁人亡的事故得以避免。但由于大地笼罩在夜色里，路上车多人多，又是紧急刹车，车也轻轻擦着小刘的后背，刮破了衬衫，也刮破了一点皮肉。周总理转过头，撩开了轿车后座的窗帘，悄悄注视着小刘，眼睛里充满关爱。

　　司机遵照总理的嘱托，下车关怀地询问小刘的情况。

　　司机："同志，碰伤哪儿了？"

　　小刘："没有，没有，没事儿！"

　　司机："你看，让你受惊了，真是对不住你。"

　　小刘："我也有错，骑车不该进入快车道。"

　　司机上车，如实地向总理汇报了小刘的情况，但总理放心不下，当即作了三点指示："一、马上送医院检查；二、不要告诉她我是谁，不要批评她；三、要给她买件新衣服。"

　　总理身边的工作人员下车后，说了些亲切的、安慰的话之后，又把刚从自己身上脱下的衬衣给小刘穿，然后送她到医院检查治疗。后来，周总理不仅亲自给医院打电话询问小刘的伤情，还让工作人员买一件的确良衬衫送给小刘，接着又派人到小刘家亲切慰问。这一切，使小刘一家人非常感动。

多少年来，小刘如珍视珠宝一般，一直珍藏着周总理送给她的衬衫，舍不得穿。1976年1月8日，当敬爱的周总理不幸逝世的噩耗传来，小刘难过得泪流不止，她手捧衬衫想总理，她是多么关爱人民的好总理啊！

〔评〕人民需要这样的"官"

相传，战国时代秦国的宰相到外地巡视，有一个县令的侄儿好奇心切，想看热闹而忘了回避。这一下，可惹出大祸了：县令立刻被摘掉乌纱帽，其小侄先是被责打八十大板，继而斩首示众。

封建社会，为什么大官出巡如此神圣不可侵犯？其根本原因在于，那时候的官儿是骑在人民头上的老爷。这些官儿出巡，总得有个派头儿，摆点儿威风，在群众面前作威作福，称王称霸。赤脚下地的乡下人，在他们看来是"贱民""下等人"。所谓官尊民贱、官主民奴等，正是他们信奉的金科玉律。

和封建社会的一切官僚政客完全相反，我们共产党人的"官"来自人民，又是人民利益的忠实代表。他们把自己看成是人民的勤务员，甘愿做人民的公仆。"官"与民的差别，仅仅表现在工作分工不同，而没有什么高低贵贱之分，同时也没有深若鸿沟的界限。他们只有为人民服务的义务，而没有任何自恃特殊的权力。在这方面，周总理早已为全党同志树立了光辉的榜样。

周总理的这些做法实在好！好就好在点破了今日当"官"

的本质，也就是说，今天的"官"和民是一致的，"官"者，人民的公仆。因此，尽管那位工人挡了总理的道，也没有引来丝毫麻烦，反而受到了意想不到的关怀和照顾。这件事说明，时代不同了，"官"的含义也就不同了，"官"与民的关系也有了根本变化。

今天，因挡官道而被斩之类的故事，已成为我们的一桩笑料。这笑，表明我们新社会再不会发生类似的恶事了。不过，也应该看到，剥削阶级那种官尊民贱的陈腐观念，并不会在所有为"官"的人之中绝迹。有时候，它还会以各种形式露出头来。但铁一般的事实是，像周总理这样的人民勤务员式的"官"，毕竟是越来越多了。我们要尽情地呼喊：人民需要这样的"官"！

一张食道癌高发区分布图

据在周总理身边工作的同志说,在战争年代,总理身边总是放着一张军用地图,常常面对着它沉思。数不清的思绪,反复地在他脑海中交集着,萦绕着。在和平年代,总理办公室也曾有一张地图,那是食道癌高发区分布图,总理不时打开它,指挥白衣战士同令人生畏的癌症作斗争。

有一天深夜,整个中南海都在夜色中静静安睡,只有皎洁无比的月儿,好像怕总理寂寞,默默地守护着。此时,周总理正把那张食道癌高发区分布图推开在桌上,拿起铅笔,在图上标记着什么。一会儿,他站起身,来回踱着步子,沉思着,沉思着,好像有一个难题使他想不下去了;一会儿,他又走到桌前面对着图,像有许多东西要看,要了解。他要看什么、了解什么呢?

天亮了,周总理请来医科院的专家,询问我国食道癌发病最频繁的地区,即河南省林县食道癌的防治情况,详细了解林县人民的生活习惯以及河流、山脉、水源等地理环境与发病的关系,问得很细很细,连水源的质量,如各种微量元素的含量以及这些微量元素的比例与其他地方同类项相较,究竟有什么不一样等,都详细过问了。谈罢,总理久久地凝视着专家,好像要从这位医科院的教授那里找到答案似的。

后来,周总理又多次邀请医科院的有关专家,共商防治食道癌及其他癌症的防治问题,他提醒医科院的同志:"癌症的发病因素很多,要找出主要矛盾,要有严格的科学态度,防止片面性与表面性，要注重中西医结合，走出我们自己的路子。"他还指示中国医学科学院派出科研小组，深入河南林县食道癌高发区，认真调查研究，在摸清情况的前提下，早点搞出一套中西结合的防治措施和方法。

在周总理的指示和关怀下，多个医疗机构陆续派出医疗队进驻林县，开展系统的多学科的食道癌综合防治研究。全社会参与的食道癌综合防治工作在林县正式拉开了序幕。

〔评〕掂掂这张图的分量

周总理办公室存放的这张食道癌高发区发病分布图，用生动的曲线和数字烘托出总理高贵的精神世界，因而它产生了震撼人心的力量，使人们久久难以忘怀。

这张图看似平常，却体现着亲民与疏民两种截然不同的态度。

癌症对广大人民健康是一个严重威胁，长期以来被当作"不治之症"。林彪、"四人帮"要么把癌症研究列入高、精、尖项目，认为只有少数人才能做；要么就否定一切，一刀砍掉。1969年，甚至出现了一股埋标本、毁资料、拆摊子的歪风。周总理发现后，立即严肃指出，癌症是常见病、多发病，对它放弃治疗、研究，不符合毛泽东思想，取消肿瘤医院是不对的，要向全国呼吁研究防治癌症。周总理鼓励、鞭策医务人员要刻苦钻研，攻克医学难关，在防治肿瘤上，中国应该作出贡献。

这些充分说明，敌视人民的"四人帮"，与群众鸿沟深隔，而热爱人民的周总理，与群众同呼吸，共命运。

这张图看似平常，却犹如一把金钥匙，启动了人们思绪的闸门。总理，心上挂着食道癌高发区分布图，一定更会惦记着遥远的边疆——西藏高原，牧民的盐巴足不足？天山脚下，群众的奶茶够不够？乌苏里江哨兵的棉衣暖不暖？……总理心上挂着食道癌高发区分布图，一定更会惦记着遥远的海疆——西沙群岛，风大浪急，浪花示威般地翻滚着，起落着，帆船在水上能否伸展开腾飞的翅膀？舟山地区，狂风暴雨，高高耸起的波浪宛如无数张开的大口，露出一排排惨白的牙齿，渔民的渔网能否照常地撒开？……我们敬爱的周总理，每一根神经都与人民紧紧相连，每一条血管都与群众息息相通。他时刻不忘工人、农民、士兵、知识分子，不忘八亿人民的冷暖疾苦……

一张食道癌高发区分布图，就在周总理办公室里存放着。它像一座巍峨的丰碑，引起人们的思索，引起全国的反响。正如见过此图的一位医生所言："掂一掂这张图，真比泰山还要重啊！"

公交车上的故事

  1954年冬天的一个傍晚,看不见月亮和繁星,刮了一天的西北风无情地掠过光秃秃的树,冷冰冰的路,让人觉得刺痛的凉。大约6点钟的光景,一辆公共汽车开到北京图书馆站,几位冒着寒风的乘客先后上了车。

  正是下班高峰时分,车上显得有些拥挤。忽然,有位乘客看见一位50多岁的男子,穿着朴素的中山装式棉衣,魁梧的身影,慈祥的目光,好像是敬爱的周总理,但他真有点不敢相信,心想:总理有专车呀,怎么会上公交车呢?他迟疑了一会儿,走进凝神细看,这才一眼看清了那个身材高大、目光炯炯有神的男子正是周总理。顿时,他心潮汹涌澎湃,惊喜交加,不由叫出声来:"是您?!总理!是您,敬爱的周总理!您怎么乘坐公交车呢?"

  周总理欣然一笑道:"我也来体验一下你们的生活嘛。"

  车厢内顿时热闹起来,活跃起来。有几位乘客几乎同时站起来,争着给周总理让座。总理摆摆手,一边连声道谢,一边让大家坐下,他自己还是站着。

  在热烈的气氛中,一位退休教师与总理交谈起来。他说:"我自己年过花甲,本以为此生不会有这个福气见到总理,没想到,嘿!还是在车上离得这么近,这么亲切地谈心呢!"说着,说着,他不住地笑,笑得八字胡在两嘴岔上展开了翅膀。

  这时,车上凑到总理身边的人越来越多。一路上,周总理亲切地同乘客们拉家常,问家里生活怎样,市场上柴米油盐供应如何，乘公交车上下班方便不方便，在路上要花多长时间……

这一阵谈心感动了在场的乘客。一位乘客说："总理工作那么忙，那么辛苦，还来和我们一起乘公共汽车，亲自了解交通情况。"

据周恩来的警卫员赵行杰回忆，当时周总理乘坐公共汽车是因为有人反映北京市职工上下班乘坐公交车不便。为了考察北京的公共交通状况，总理下午5点半左右出国务院北门，到北京图书馆车站，乘公共汽车实地体验，下了公共汽车又转乘无轨电车，在北京市转了大半圈。实地考察后，总理很快将有关同志找来，召开专门会议，讨论和制定如何解决好公共汽车拥挤问题的具体措施。此外，总理还指示：国务院各部门和有关单位，如有条件的话，都要用大车接送职工上下班。在总理的关怀下，很快解决了乘车拥挤问题。

[评] 人生不能只有自己而没有别人

作为一个国家的总理，出门有小车坐，这是理所当然、无可非议的事儿。然而，我们敬爱的周总理并不是只想到自己有小车坐，还迈开双脚，和群众一起挤公共汽车，这是为什么？

有一句古话说："体察民情，洞察细事。"要想知道梨子的滋味，最好亲口尝一尝。作为领导人，抽空去排排队，挤挤车，亲身去体会一下群众挤车的辛苦，就能了解和帮助群众解决交通拥挤的问题。周总理正是这样想的和这样做的。他得知北京市交通拥挤，广大职工上下班坐车很不方便，就特地自己乘公共汽车，亲自了解交通情况，随后便加以妥善解决。这种亲身品尝群众甘苦的当家人，正是与人民群众水乳交融、休戚与共的最好写照，也是社会公仆、人民勤务员的绝妙注释。这样的当家人怎能不受群众的尊敬和爱戴呢！

如果我们国家的各级领导干部，都像周总理，都能有总理那种坐车须尝挤车苦的精神，经常到第一线去，深入群众中去，那么，我们的干群关系，我们的党风、民风，将会出现何等可喜的进步啊！这是从领导角度而言。换个角度，从我们青少年讲，应该有这样的共识：人活着，不是独居在荒凉的孤岛，而是"与人共存"在一个星球上。人的物质生活、精神生活都充满了社会性。这种属性既包含着利己，更包含着利他。只有互惠，才能共存；只有互惠共存，才能坚持人类精神的最高境界。没有利他，没有心理上的与人互惠，我们的世界永远不可能走向真正的共存共荣。因此，做人处世，要乐于与人为善，帮助需要帮助的人。在生活、工作中，如果我们善于用善良、温馨的言行去帮助别人，那么，我们这个世界就会变得更加美好。

千言万语一句话：人生不能只有自己而没有别人。也许，这就是周恩来总理乘坐公共汽车这个小故事给予我们的启示吧。

欢乐的龙舟赛和泼水节

我国有56个民族，每个民族都有自己的风俗习惯。尊重各民族的风俗习惯不是小事，而是关系民族团结、国家太平、人民和睦的大事。周总理是怎样对待这件大事的呢？我们一起来听听这个故事。

1961年4月13日，周总理来到云南西双版纳景洪城。第二天早晨，和煦的春风吹到澜沧江，江水像微微拂动的丝绸，碧绿的水色真是柔美极了。这时，周总理登上澜沧江畔观赏台，极目远眺，只见20多只龙舟贴着水面，就像一条条跳跃的梭鱼，飞快地驶向前方。此时此刻，身着对襟布扣白衫和大腰身咖啡色裤子，头上扎一根水红色包头巾的周总理乐开了怀："好啊，好啊，真快！"江中不知哪条船上的水手，连同江畔观看的各族群众，望着一身地地道道傣族装束的周总理，听着总理连连的欢呼声，禁不住激动得热泪盈眶，连声高呼："毛主席万岁！""周总理好！"

4月15日，正值傣族欢乐的泼水节。早晨，周总理来到曼厅寨视察，看到那里人山人海，笑语喧声，非常热闹。原来是一群傣族农民在荔枝树下跳象脚鼓舞，周总理也喜气洋洋地接过一只象脚鼓，在一片欢乐声中，像傣族群众一样放开脚步合着拍子跳起来。就在这高昂的鼓声和人们的欢笑声中，泼水开始了。起初，周总理和傣族群众都用一根柏枝蘸着银碗里的水，不停地互相洒着，洒着。按照傣族的风俗，在欢乐的泼水节，光小打小闹地互相洒来洒去，自然是远远不够劲儿，还必须用碗盆泼水，水泼得越多就表明彼此越亲热、越友好、越快乐。一位老人手里拿着一碗水，一只手抚摸着胡子，弯曲着腰朝周总理身上泼去，泼罢，哈哈地笑起来，乐得连牙都对不上了。一个小姑娘，把一碗水泼在周总理脖颈里，也是哈哈地笑。周围的一切，全都随着笑声变得那么欢快。傣族群众觉得这样洒水还不能表达对周总理的尊敬与热爱，便改用洗脸盆来泼水。周总理的卫士怕首长受凉，就想着拿伞去挡水，没想到周总理摆摆手，示意卫士收起伞。他一边微微笑着，一边放下手中的银碗，拿起身边的一只脸盆，把一盆盆清澈的水泼向傣族群众。那溅着的水花，像一颗颗明亮的珍珠，飞舞似的纷纷落着，令人心旷神怡。

[评] 点燃群众的心灵之火

泼水节泼水，是傣族人民的习俗，年年如故，并不新奇。然而，1961年的泼水节，却别有一番情趣。

那天，我们敬爱的周总理参加了这个欢乐的庆祝活动。看到总理阻止警卫人员撑伞挡水，让一盆盆清水向自己身上泼来的时候，看到总理拿起一只脸盆，把一盆盆清水向群众泼去的时候，看到总理的脸上、群众的脸上，都盛开着笑花的时候，会有怎样的感受呢？不觉得有一条纽带，把人民和总理紧紧地连在一起吗？不感到有一道彩虹，把群众和总理清晰地映在一处吗？

总理的行动，点燃了各族人民的心灵之火！

群众看到了总理懂得自己的心愿，了解了总理的心和自己的心紧紧地贴在一起，从而加深了对共产党的信任，增强了建设社会主义的信心。这正是总理和人民群众一起欢度泼水节的意义所在。

群众爱戴和信赖中国共产党,爱戴和信赖党的干部,党和干部懂得人民的心,能够用自己的心去感受人民的脉搏,这是比什么东西都宝贵的。党和群众,干部和群众,形成了这样的关系,那就如同筑起了铜墙铁壁一般。一提到铜墙铁壁,使人不由得想起毛主席说过的一段重要的话:"真正的铜墙铁壁是什么?是群众,是千百万真心实意地拥护革命的群众,这是真正的铜墙铁壁,什么力量也打不破的,完全打不破的。"

"毛主席派周总理来了"

1966年3月8日和22日,河北省邢台地区连续发生两次突如其来的大地震。这是新中国成立以来最大的、破坏性最严重的地震。这个重大的灾难震惊着全国,灾情牵动着中南海,牵动着党中央、国务院。中共中央主席毛泽东立即就抗震救灾工作作出重要指示。国务院总理周恩来在灾情尚未查明、余震不断的情况下,就迅疾赶赴灾区指挥抗震救灾工作。

3月10日,气温骤然下降,天气极寒,刺骨的寒风像小刀似的,把人们的脸刮得又红又疼。就在这天寒地冻的时刻,周总理来到灾情最重的隆尧县白家寨大队,向灾区人民传达了毛主席、党中央的亲切关怀和慰问。

"毛主席派周总理来了!"灾区人民听到这个消息,心情无比激动,人人奔走相告,不一会儿,从四面八方涌来两三千人,都想上前见见敬爱的周总理。当乡亲们向一个打麦场聚集起来的时候,周总理站在装救灾物资的木箱上,一边向在场的群众致意,一边用洪亮、亲切的声音说:"同志们,乡亲们,你们遭了灾,受了损失,毛主席派我来看望你们!"顿时,震耳欲聋的口号声骤起:"毛主席万岁!中国共产党万岁!"群众对党和毛主席的爱戴和敬仰,对周总理亲临灾区慰问的激动和感谢,全都凝聚在这一声声振臂高呼之中。周总理讲了许多关心、体贴的话,并带领在场群众高呼:"奋发图强!自力更生!发展生产!重建家园!"这四句一句一顿的最强音,就是周总理为灾区人民制定的抗震救灾的十六字方针。它如千军万马奔腾之力，激励着灾区人民鼓足勇气，生产自救。

　　周总理年过花甲，花白头发落了一层灰尘，脸庞冻得通红，他挺着胸，鼓着劲，跨过一条条裂缝，走进一个个矮小的抗震棚，亲切地向群众问寒问暖，帐篷够不够？口粮少不少？锅碗瓢勺缺不缺？……关怀备至，体贴入微。总理见到贫协主席王老齐，得知老人家的房屋坍塌成一片废墟，儿子和儿媳被倒塌的土墙、石块活活掩埋，一个完整的家庭眨眼间变得支离破碎，不由眼睛湿润了，他含着眼泪安慰道："要有勇气，化悲痛为力量。有毛主席、党中央，什么困难都能克服；有社会主义，天塌下来也不怕。"

　　王老齐听了总理暖人心房的话语，无比激动，热泪盈眶，他紧紧握着总理的手，千言万语涌上心头汇成一句话："请毛主席和周总理放心，我王老齐有再大的难处也能战胜，我一定要动员乡亲们生产自救，重建家园。"

　　4月1日，天刚蒙蒙亮，周总理就动身，一连视察了宁晋县东汪公社、耿庄桥公社、冀县码头李公社和巨鹿县何家寨公社四个公社，每到一地都讲了话，又开座谈会，又到各家慰问，从早晨5点忙到晚上9点，一口饭都没吃，连续工作了16个小时。周总理多次指示，要研究什么房子可以防震，要把倒了的房子重新盖好，还特别强调，要靠集体力量。并和当地干部、群众一道总结经验，提出了"在党的一元化领导下，以预防为主，专群结合，土洋结合，依靠广大群众，做好预测预报工作"的方针。

　　这一天，周总理着重来到宁晋县东汪公社临时医院看望伤病员，与伤病群众零距离、面对面的沟通。他一连慰问了140多个伤病员，一个铺一个铺地查看，亲手摸摸伤员铺的被子厚不厚，亲眼看看伤员伤势重不重。一句句发自肺腑的亲切问候，一遍遍亲自动手的仔细查看，顿时化解了聚集在伤病员心头的恐惧和忧郁情绪，点燃了他们对新生活的希望！

〔评〕忧乐的先与后

宋朝的范仲淹在《岳阳楼记》一文中写道："先天下之忧而忧，后天下之乐而乐。"这句脍炙人口的名言，流传至今已有近千年的历史了。

"忧""乐"二字，哪个在先，哪个在后，存在着两种根本对立的看法。在剥削阶级的脑子里，装的是不管他人"忧"，只求自己"乐"，将自己的"乐"建立在别人"忧"的基础上，损人利己，及时行乐，就是他们的处世哲学。在地主阶级统治的封建社会里，属于士大夫阶级的范仲淹能讲出这样的话，确实是难能可贵的。

马克思主义告诉我们："无产阶级只有解放全人类，才能最后解放自己。"由马克思主义武装起来的共产党人，有着广包宇宙的壮阔胸怀，先"忧"天下，后思己"乐"，这本来就是共产党员应有的崇高风格。它体现了共产党员心中只有人民，唯独没有自己的高尚情操。在革命队伍里，真正做到这一点的人为数并不少。我们敬爱的周总理，正是杰出的代表人物。

在河北省邢台地区发生强烈地震的严峻时刻，周总理冒着余震的危险，先后两次到邢台地震灾区视察灾情，慰问群众，领导抗震救灾。哪里灾情严重，总理就走向哪里。总理受到人民群众的高度赞扬，是理所当然的。

以"我"为核心的及时行乐的陈腐观念，有时还在腐蚀着中国共产党的肌体。有一种人，名义上是"共产党员"，是"革命者"，实际上却是营私的行家。他们在"忧""乐"先后之间，总是离不开"我"，诸如"我的前途""我的家庭""我的小日子"等，都是摆在"先乐"的地位。不是有人留恋在城市经营自己的小乐园，不愿到艰苦的地方去吗？不是有人把以往的功劳当作包袱背起来，利用职权为自己大捞好处吗？更有甚者，有的人为了"乐"，不惜损公肥私，损人利己，贪污盗窃，行贿受贿，违犯党纪国法。这种人，同周总理吃苦在前、享乐在后的高尚品格相比，显得何等的渺小！

在建设中国特色社会主义、实现中华民族伟大复兴中国梦的过程中，我们的干部，特别是各级领导干部，十分需要学习周总理吃苦在前、享受在后的革命精神，为中国梦的实现而努力奋斗。我们中小学生，也应该以"先天下之忧而忧，后天下之乐而乐"作为自己的座右铭，为祖国为人民很好地、努力高质量地完成学业，投身建设中国特色社会主义的洪流中去，立大德于社会，扬大义于国家，做一个无愧于时代、无愧于人民、无愧于历史的人。

急人民之所急

1958年7月中旬，河南、山东等省，特别是河南郑州接二连三大风呼啸、雷鸣电闪、雨不停地下。风助雨势，雨借风威，黄河里的水一天长一尺多，不到几天工夫，水就快漫过黄河大堤了。

"不好，洪水要来，恐怕要出大乱子！"有人担心地喊道。果不然，滚滚的黄河，那排山倒海、奔腾呼啸的浪头，一排跟着一排扑在黄河大堤和大桥桥墩上，撞得惊涛拍岸，卷起千堆雪……7月17日，历史上罕见的大洪水，冲断了郑州黄河铁路大桥，京广铁路中断。黄河大堤面临着决堤的危险，河南、山东等省千百万人的生命财产受到严重威胁。

7月18日晨，正在上海视察的周总理收到郑州黄河铁路大桥被特大洪水冲断的急电，立即乘专机飞临河南视察黄河水势。周总理在飞机上俯视被洪水冲断的黄河大桥，然后飞往郑州机场。到郑州后，他顾不上喝水吃饭，马上听取汇报，主持研究制定了"依靠群众，固守大堤，不分洪，不滞洪，坚决战胜洪水"的方案。

当夜11点半，周总理冒着雨，涉着水，一步一泥地来到了黄河岸边。

"周总理来了！周总理来了！"正在紧张地同洪水搏斗的防汛大军和修桥工人在拍手，在欢呼，在奔走相告。仿佛他们赢得了加力器，人人精神抖擞，个个力量倍增。

夜雨纷纷，随行人员给总理撑伞。周总理摆摆手，说：

"你看，大家都在淋雨，不要给我撑伞嘛。"过了一阵，雨稀里哗啦越来越大，他头发上、脸庞上、衣服上都被雨水淋湿了，水珠混合着汗水，正从那花白的头发上不住地流下来，他却没有发觉。他挺直了腰，向抗洪大军讲话，赞扬工人同志们日夜奋战、不畏劳苦的昂扬之气，并强调修复铁路大桥对疏通南北交通的重大意义，号召工人们发扬一不怕苦、二不怕死的大无畏精神，齐心协力，继续战斗，一定要以只争朝夕的速度，尽快把大桥修好。工人们受到极大鼓舞，他们不约而同地用洪亮的声音向总理保证：争分夺秒，昼夜奋战，下定决心，不怕牺牲，排除万难，力争提前修通大桥！周总理讲话以后，又同有关干部、工人一起研究修复铁路大桥的措施，直到鸡啼头遍，半夜多了才离开。

周总理冒着风雨站在黄河畔、大桥边，战斗在群众中间。他那硬朗、挺直的腰板，坚毅慈祥的目光，铿锵有力的话语，充满了无限的关切和鼓舞之情，给工人同志们留下毕生难忘的印象。这难忘的形象激励着工人们，他们日夜苦战，攻克难关，按预定时间于8月1日修复黄河铁桥，京广线恢复通行。与此同时，河南、山东等省200多万军民，经过半个多月日夜奋战，加高加固了黄河大堤，终于驯服了特大洪水，取得了抗洪斗争的伟大胜利。

[评]"坐着谈，何如起来行？"

周总理亲临黄河险区，指挥防汛和抢修黄河大桥的战斗。夜雨纷纷，有位同志给总理撑起雨伞，周总理不让撑，说："你看，大家不都是一样淋雨？"雨越下越大，周总理的衣服

第二章　胸怀苍生　勤政为民

都淋透了,但他毫不在意。这桩事,虽然算不上什么大事情,但透过它,我们却看到了总理炽热的爱民心,高尚的实践观。

为人民服务,不能只停在口头上,而要体现在实践中。"纸上得来终觉浅,绝知此事要躬行。"总理亲临抗洪抢险第一线,和工人雨淋在一处,汗流在一起,这就自然地把为人民服务的理论同为人民服务的实践结合起来了。总理说得好:"我们青年人不是要空谈,而是要实行。""坐着谈,何如起来行?"他用自己的光辉实践,恰到好处地与自己的格言对上了号。

建设中国特色社会主义,更需要躬行实践。革命理论和革命实践互相联系,互相促进,但革命理论不能代替革命实践,这是很有点辩证法的。有些青年口头上说得出,笔下写得出,就是行动做不出。他们在工作中拈轻怕重,"把重担子推给人家,自己挑轻的。一事当前,先替自己打算,然后再替别人打算"(引自毛泽东《纪念白求恩》)。面对周总理的光辉实践,这些人可以扪心自问:我为人民做了多少?行了多少?

《墨子·修身》中有句烛照古今的妙语:"士虽有学,而行为本焉。"意思是说,读书人虽然有学问,但亲身实践才是根本。李时珍踏遍万水千山,采集众山药材,收集民间药方,并逐一加以验证,才写出了令人称绝的《本草纲目》。任何一项事业都要靠实践去完成。成功的路就在自己脚下,如果只是夸夸其谈,而没有实际行动,那只会一事无成。

"独有一言,愿献于君者,曰:行。"我们每一个青少年,都应该牢牢记住文天祥的这句话。

第三章

践行厚仁　大爱至美

科技人员的知音

1950年8月，天气已经够火热了，而中南海怀仁堂的气氛更为火热。开国之初，百废待兴，党中央、国务院就召开了全国自然科学工作者代表会议，此举足以说明国家对发展科学事业的高度重视。代表们不远千里，从全国各地来此欢聚一堂，新中国成立后，科学工作者从来没有这样热闹过，畅快过，热气腾腾的氛围，用最炽烈的诗句吟哦也不为过！

8月24日，大会在庄严的国歌声中开幕，周总理身着灰布中山服，满面笑容，精神抖擞，目光炯炯地大踏步走上讲台，热情洋溢地向代表们作《建设与团结》的报告，亲切地称科学工作者是同志和朋友，"凡是为新中国努力服务的科学家都是朋友，都应该团结"。"只要是为人民服务的科学家、知识分子，不管是工农出身、小资产阶级或剥削阶级出身，我们都应该团结，对他们都要尊重，目的是要打倒共同的敌人。"在报告中，周总理特别强调说：国家建设的方向和目标就是《共同纲领》所规定的要"建设独立、民主、和平、统一和富强的新中国，要把中国由一个农业国变为工业国"。这就为中国科学家指明了奋斗的方向目标，这就是科学的发展方向和科学家抱有强烈的使命追求、责任承担的方向。周总理在报告的结束语中鼓励大家说："我们这代人经历了很多战乱，我们是欢迎和平的。我们有信心在这一辈子能看到光明、幸福、富强的新中国。从新民主主义开步走，为我们自己和我们的子孙打下万年根基，'其功不在禹下'。大禹治水，为中华民族取得了福利，中国科学家的努力，一定会比大禹创造出更大的功绩。"

代表们没想到，新中国中央人民政府总理把他们当作朋友，当作可以团结、信赖的朋友，给予莫大的尊重和荣誉，并且指明了奋斗的方向和目标。周总理的教诲是那样亲切，笑容是那样慈祥，语气是那样温馨，只要是一个有爱国心的科学工作者，他又怎能忘怀呢？！

给科技工作者留下毕生难忘的印象的，还有1956年冬末春初的时令，即1956年1月14日。那时北方还是寒风刺骨、草木皆枯，但科技界的春天却脚步勤，来得快，在中共中央召开的关于知识分子问题会议上，周总理代表党中央、国务院作的《关于知识分子问题的报告》，给全国科技界带来了春天般的温暖。当年的许多青年科技工作者，今天重读周总理的报告，仍然感到一股暖流进入心底。周总理明确指出："革命需要吸收知识分子，建设尤其需要吸收知识分子""团结知识分子是必要的，也是完全可能的"，但"对于旧时代的知识分子必须帮助他们进行自我改造"。为了给科技人员创造条件，学好马克思列宁主义、毛泽东思想，确立革命的人生观和科学的世界观，今后应该"按照自愿和联系业务的原则，规定一些必修的马克思列宁主义的基本课程，着重采取自学、夜大学、函授学校、科学讨论会等方法，来帮助知识分子学习理论"。同时，对解决提高知识分子的生活待遇问题，也作了明确的规定。

科技工作者难以忘却的还有1962年的初春。那是3月2日早晨，南国广州在到处春意盎然，生机勃勃，赴此参加全国科学工作会议和全国戏剧创作座谈会联席会议的代表们，呼吸这儿的清新空气，像饮甘露似的感到清爽、陶醉。正是在这样浓郁的春的气息中，周总理英姿勃勃、神采奕奕地站立讲台前，向到会的代表们作《论知识分子问题》的报告，就知识分子的定义和定位、中国现代知识分子的发展过程、如何团结知识分子、知识分子的自我改造等四个方面的问题进行了针对性的深刻论述，并用自己的切身体会，深刻地指出知识分子自我改造的重要意义和正确途径。在这次会议上，周总理语重心长地说："自我改造是为了进步，是光荣的事情。现在大家肚里有气，是我们工作没有做好，帮助不够，要把这个扣子解开。毛主席说，我们的目标，是想造成一个又有集中又有民主，又有纪律又有自由，又有统一意志、又有个人心情舒畅、生动活泼，那样一种政治局面。"总理的报告，说得听者动容，深受鼓舞，会场上不时爆发出阵阵掌声。

大家听完周总理的报告以后，也就舒畅地议论起来了："周总理的一席话，句句说到了我们心坎上！哎，他讲得多么深刻、透彻！怎么他会摸透了我们的心呢？！又怎么会摸清我们在想些什么呢？！""总理对我们问寒问暖，悉心关怀，我们科技界要团结一心，顶住逆流，自力更生，发奋斗强。为国家逐步实现工业化尽心尽力，多做贡献！"

〔评〕知识分子的知心人

我国科技队伍广大知识分子亲切地称呼周总理为知心人。这个称号总理是受之无愧的。

他时刻想着科技队伍的广大知识分子在想什么，并为此深入调查研究，摸清他们的脉搏，抓住关键问题加以解决。

他时刻想着科技队伍的广大知识分子在想什么，并为此呕心沥血，为他们创造条件，让他们学好马列著作和毛主席著作，搞好基础科学和科学实验，做到又红又专。

周总理为什么对科技队伍广大知识分子的问题知道得最早、最清楚，处理得最好，最及时？至关重要的一点就是：他切切实实地把知识分子装进心窝里，做知识分子的知心人。

《李陵答苏武书》中有一句话："人之相知，贵相知心。"人和人之间的相互了解，可贵的是知心，是彼此心灵相通。

周总理深知这个真知灼见，并把它付诸实践。他与知识分子交往，不是仅仅满足于相知上，而是把功夫下在知心上。为此，他经常与知识分子接触，听听他们想什么，希望做什么，把增进他们的福祉，促进他们在思想、教学、科研等方面的全面发展作为出发点和落脚点，让他们感受到党和国家的悉心关怀，让他们的科研发展脉络与国家的预期相契合，奏响当代中国科技事业与国家发展进步的"最美和声"。

相知，知心，与科技队伍广大知识分子心连心。周总理用行动兑现了这种美好的理念。这里，饱含着总理对科技人员的感情和期待，饱含着总理对科技人员的尊敬和信赖，饱含着总理对科技人员、对国家繁荣富强的责任感。

但愿《科技人员的知音》这个动人的小故事，连同"人之相知，贵在知心"这句妙语，能在你的生活中永远闪烁！

亲自参加科学实验

周总理青少年时代就对中国灿烂的古代文化颇感兴趣，尤其是对朱熹、墨子等人的作品情有独钟。他对朱熹《朱子语类》卷十四中的一句智慧金言反复品味，牢记在心："知之愈明，则行之愈笃；行之愈笃，则知之益明。"寥寥十八个字，精辟地说明了认识与实践的关系。"认识与实践是相互依赖、相互促进的两个方面。认识是实践的前提和向导，反过来实践又会进一步促进认识的深入发展。只有将两方面结合起来，才会使自己的认识更加接近真理。"周总理认为：理论与实践相结合，就要亲自参加实践，尤其要亲自参加科学实验。他是这样说的，也是这样做的。他不仅领导制定了科学技术发展规划，还亲自带领科技大军向科学技术现代化进军。这里举两个周总理亲自参加科学实验的例子：

1958年2月27日，周总理与李富春、李先念两位副总理一道，乘船逆流而上，赴长江上游调查研究水利开发工作。一路上，他们无心欣赏这浩浩荡荡的长江的壮美，也无心留连江天中的白鸥盘旋飞舞，他们时而在船上商讨，时而下船迎着风雨，徒步考察地形地貌等。周总理在船上主持会议，听取长江流域规划办公室魏廷铮关于汉江流域规划和丹江口水利枢纽工程设计的汇报，讨论通过建设丹江口水利枢纽工程的决定。会议结束后，周总理伴着月影星光，面对着船舱上挂满的统计和设计图表，来回看来看去……

天快亮了，周总理叫来秘书，把他要说的话和要提的问题和盘托出。旋即,秘书就告诉随船的统计人员说,总理发现图表中有一个数据有误差。经过设计人员再次查对,果然是错了一个数据。当他们得知,总理核对挂满船舱的图表,整整花了一个通宵的时间,不由感到愧疚。总理面对着这些年轻干部,和蔼可亲却又很严肃地说:"要重视第一手资料,要对资料精心校对。要懂得,差之毫厘,失之千里啊!"

建筑设计,是一门专业性很强的学问,尤其是北京人民大会堂这样的宏伟工程,设计难度之大,可谓不言而喻。果然,在设计工作中,遇到一个难度很大的问题:万人大会堂空间大,怎样解决人坐在里面感到渺小和压抑的问题?这是一个人和建筑的矛盾。专家们议论纷纷,难以处理。面对愁容满面的众专家,周总理鼓励道:"要坚持理论与实践相结合,不论有多大的困难也不要动摇。"他多次和几位专家一起研究、商讨,提醒大家注重"以人为主,物为人用",并具体地提出了"水天一色"的设计思路。他说:"人站在海边,看海不显远,看天不显高,人并不显得渺小,这是什么原因呢?"他用铅笔画了一个不规则的扁圆形的顶棚图,启发大家在设计上利用这个视错觉。总理的话,如黑夜点亮一盏明灯,使专家们豁然开朗。设计师们把大会堂内部设计成了"水天一色"的形状,顶棚与墙面圆角相交,成穹窿形状,从顶棚到墙面,上下圆曲浑然一体,使人感到既不压抑又不空旷。顶棚上做三圈水波形暗灯槽,纵横密排着近五百个灯孔,灯光齐明时,就像满天星斗。这样,十分出色地解决了建筑设计上的一个难题。

〔评〕虚与实对,事必躬行

周总理为我们制定了两个十年的宏大科技发展规划,这是务虚，他同时又注重带领科技大军向科学现代化进军，注重务实。他用了一个通宵，亲自核对挂满船舱的统计和设计图表；他对人民大会堂设计中的一个大难题，具体地提出了"水天一色"的正确方案等等，正是认真务实的典范。它传开后，引起科技界的广泛关注和赞扬。

这份赞扬，包含着对周总理讲究实际、崇尚实干的实践精神的赞扬。鄙视华而不实，追求务实而有活力的人生，早就是中国农耕文化形成的一种民族精神。《论语·宪问》说："君子耻其言而过其行。"王守仁的《传习录》说："名与实对，务实之心重一分，则务名之心轻一分。"这些实事求是、以行为本的思想，与周总理的躬行实践是一致的。

在当代社会生活中，特别是在当今建设中国特色社会主义的现实生活中，无论是担当治国理政的领导者，还是普通工农商学兵以及其他行业的人，都务必要排斥虚妄，追求务实。无论大事小事，都要拒绝空想，讲究实干。《荀子·修身》说："道虽迩，不行不至；事虽小，不为不成。"言路程虽近，不迈开脚步就不能到达目的地；事情虽小，不去躬行实践就不可能获得成功。

归根结底，一个人只有少说空话，不说空话，以自己全部的力量和精神致力于某一美好事业时，才能获得丰硕的成果，成为一个真正优秀的出彩者。诚如泰戈尔所言："世界上使社会变得伟大的人，正是那些有勇气在生活中尝试和解决人生问题的人。"

拒绝空想，崇尚实干，这是成功的秘诀！

"这件事不能再延迟了"

这里，向读者介绍敬爱的周总理写于1972年9月11日的一封亲笔信。信的全文如下：

张文裕同志并转朱光亚同志：

文裕同志交来二机部四〇一所一部十八位同志一信，已由郭老、西尧同志处转到。看了很高兴，正是月初我们同见巴基斯坦那位科学家时所要说的话。

现在请文裕同志将你们今年四月送给二机部和科学院那份报告转给我一看。西尧同志请朱光亚同志召集有关方面一议事，请不要等我批，先议出办法，供大家讨论采用。

这件事不能再延迟了。科学院必须把基础科学和理论研究抓起来，同时又要把理论研究与科学实验结合起来。高能物理研究和高能加速器的预制研究，应该成为科学院要抓的主要项目之一。所见可能有错，请你们研告。

周恩来
一九七二年九月十一日

〔评〕有一种力量能穿越时空

读了周总理给科学院有关领导同志的这封信，谁个不油然而生敬佩之情呢？！咀嚼着这短短的二三百字，仿佛听到了总理对林彪、"四人帮"反党集团破坏我国科学事业的愤怒之声，仿佛看到了总理希望把基础科学和理论研究抓上去的迫切心境。

"这件事不能再延迟了。"不难看出，九个字，道出了总理的急迫心情。这是为什么？因为就在总理写这封信的前一年，"四人帮"抛出了对17年教育战线和知识分子的"两个估计"，随后，"大专院校的理科实际上被取消，实验室被关闭，科学仪器被破坏；科研机构被拆散，科技队伍被整得七零八落；基础研究项目被'砍'得一干二净。整个科学事业陷于停滞不前的状态"。面对这种情况，总理针锋相对，大声疾呼，决心要把基础科学和理论研究抓起来。他给科学院有关领导同志的信中的第三个自然段，头一句铿锵之言就是："这件事不能再延迟了。"它表达了总理和成千上万科学工作者的共同忧虑，体现了一位身负重任的党和国家领导人预感到不要科学、不要知识分子问题的严重，而理直气壮地唤起全党注意的迫切心情。

"这件事不能再延迟了。"它显示了周总理一定要排除障碍，把这方面工作抓上去的决心。他多次指示科学院领导："要在广泛深入实际的基础上，把科学研究往高里提，搞点基础研究，把实践提高到应有的理论程度。"9月11日，他又亲笔写了这封信，借以促使上述意见的落实。周总理的指示，在广大科技人员和理工科教育工作之中引起了强烈反响，一个开展基础科学和理论工作研究的热潮开始兴起。

一个领导干部，特别是科技和科教战线的领导干部，怎样从人民的利益出发，去对待科学事业的振兴，周总理给我们作出了楷模。当前，在我们为建设中国特色社会主义、为实现中华民族伟大复兴的中国梦而努力奋斗的时候，特别需要学习周总理这种"有什么障碍就扫除，有什么钉子就拔掉"的大无畏精神，这正是发展我国科学技术事业所迫切需要的。

感人肺腑的"代悼词"

这个发表于《革命文物》1978年第1期，署名苏东海的故事，蒸腾着浓郁、淳朴的情感和人情味，于细微处见真情。

李四光是我国科学工作者的一面旗帜，他为我国社会主义建设作出了巨大的贡献。但是，当他逝世的时候，林彪、"四人帮"反党集团竟然借口开追悼会是"四旧"，不准开追悼会；又借口"一切从简"，不准致悼词，说什么开个"告别会"就可以了。我们敬爱的周总理发现这个所谓告别会没有准备悼词，就果断地用李四光的女儿李林写给他的一封信代替悼词，深情地表达了对李四光、对我国的科学工作者、对我国的科学事业的无限关心；针锋相对地同林彪、"四人帮"反党集团迫害科学工作者、摧残科学事业的罪恶行为进行了坚决的斗争。

媒体这样报道了事情的经过：

1971年4月23日，李四光因感冒发烧住进医院；29日，动脉瘤突然破裂大出血，陷入休克状态，经医务人员输血抢救也不见效，根据病情的发展，医生认为动手术结扎血管是唯一可能有效的办法。29日上午10点左右，周总理在彻夜工作之后，刚吃完安眠药躺下休息，就在电话中了解到这一情况。他十分关切地说："救人要紧。"马上派了两位给自己看病的医生赶到手术室协助。血管扎结手术是成功的。由于李四光已82岁高龄，手术结束后，他的心脏因不能支持而停止了跳动。当时，正是林彪、"四人帮"反党集团横行的日子。李四光刚刚逝世，他们就决定在5月2日搞一个所谓告别仪式，草草了事。李四光的女儿李林想到周总理在"五一"这一天将会忙到深夜，估计第二天上午不一定能来参加告别仪式，就在头天晚上给周总理写了一封信。5月2日，当李四光的家属到达八宝山革命公墓时，刘西尧通知说，周总理要亲自来参加。李林就把写给周总理的这封信交给刘西尧，请他转交周总理。旁边一个追随林彪的人恶狠狠地说："不许递条子给总理！"后来，这封信还是通过刘西尧交给了周总理。

为李四光举行的所谓告别仪式，是在一间很小的屋子里进行的。屋里站不了多少人，多数人都站在院子里。郭沫若宣布为李四光默哀，然后奏哀乐。哀乐刚完，周总理就健步走到前面，沉痛地说："我们国务院的工作没有做好，没有为李四光同志写悼词。但是我接到李四光同志的女儿李林给我的一封信。我在休息室里征求了其他领导同志的意见，认为可以将李林同志给我的信作为悼词。"接着他就念李林的信。当周总理念到这样一段话时，念的人和听的人都被李四光对伟大领袖毛主席的爱戴和忠诚而深深感动了：

"在医院里，他经常阅读毛主席的五篇哲学著作，在他昏迷的时候，这本书还放在他的身边。他常对我说：'毛主席的哲学思想——是放之四海而皆准的真理，是指导科学工作的灵魂，是根本。'1969年5月9日，毛主席亲切地握着他的手和他长久地谈话，使他心情非常激动。他回来给我们说：'我们中国有这样一位伟大的领袖是我们极大的幸福。毛主席要的资料，我一定整理出来，以表达我的忠心。'"

周总理接下去又念道：

"……在他的遗物中我找到这样一个纸条子，上面写着：'在我们这样一个伟大的社会主义国家里，我们中国人民有志气、有力量，克服一切科学技术的困难，去打开这个无比庞大的热库，让它为人民所利用。如果我们不这样做，而还是走资本主义陈腐的老路，把地球交给我们珍贵的遗产——煤炭之类内容极其丰富的财富，不管青红皂白，一概当做燃料烧掉，不到几十年，我们的后代，对我们这种愚蠢和无所作为的行径，是不会宽恕的。'"

念到这里，周总理声音特别响亮，并抬起头来目光炯炯地看了大家一眼，然后又有力地念下去：

"'……他对地震预报也有极大的信心，这不仅是赶超世界先进水平的问题，更重要的是为了保障人民生命和国家财产安全。地质力学方面还有冰川和找矿的关系问题，海洋地质问题等等都是他经常思考的问题。在医院时他还和我说："江西九〇九、九〇八队应该认真总结他们在实践中运用毛泽东思想发展地质力学的经验。"'"

周总理念到这里就停住了，把信折起来，放进口袋里。这信的最后一段，他没有念，那是表达李四光全家对周总理的爱戴和感激之情的。信上说："敬爱的总理，我父亲经常给我说，您对党对人民忠心耿耿，经常每天工作20多小时，他对您是十分敬爱的，他还提到邓大姐，邓大姐对我们全家很关心，我们是非常感激的，我们衷心感到党组织对我们的关怀和温暖。

"他还希望总理多保重身体，为我国和世界革命事业做出更大的贡献。"

周总理把信放进口袋之后，就带领大家走到李四光家属面前，握着李四光夫人的手说："许大姐，你要继承李四光同志的遗志，化悲痛为力量。"他走到李四光的秘书面前说："要把李四光同志遗留的资料很好地整理出来。"然后走到门口，对站在院子里的人们讲："你们都听见了吗？有教育意义没有？"大家回答说："听见了！有教育意义。"周总理说："责任交给你们大家了。"

我们敬爱的周总理就是这样，把林彪、"四人帮"帮凶们策划的所谓告别会，开成了一个庄严的追悼会，开成了一个斗志昂扬的宣誓大会。李四光对社会主义祖国的热爱以及他想为国家做的上述几件大事，通过周总理铿锵有力的声音，深植到每一个到会者的心中。今天，这份代悼词也就成了缅怀敬爱的周总理、激励我们向科学技术进军的宝贵革命文物。

〔评〕温暖关怀的无穷动力

"五一"这一天周总理忙到深夜，第二天上午还特地去参加李四光的追悼会，并沉痛地宣读了"代悼词"，以表示他对李四光的深切哀悼和怀念。

按照林彪、"四人帮"反党集团的命令，不准给李四光开追悼会，而总理偏要来亲自参加这个会。

按照林彪、"四人帮"反党集团的命令，不准在李四光的追悼会上致悼词，而周总理偏要果决地用李四光的女儿写给他的一封信代替悼词，噙着泪水有力地念下去，使在场的人都深深感动了。

所有这些，没有对李四光、对我国科学工作者、对我国科学事业的无限关怀，是根本办不到的。

周总理曾经说过："要做好科技方面的工作，需要我们关心人。"这话言简意赅，颇有深意。获得1935年诺贝尔化学奖的约里奥·居里也曾说："要使山谷肥沃，就得时常栽树、关心树。我们应当注意培养人才。"发展科学事业，最要紧的在于关心人。不关心、培养科技工作者，发展科学事业就是一句空话。

科学事业归根结底是人的事业，科学的竞争最终也是人才的竞争。新中国的科学事业能在较短的时间内取得长足进步，在一穷二白的基础上创造出"两弹一星"的伟大成就，主要得益于包括李四光在内的一大批科学家的付出和努力。他们之所以不计任何回报地付出，既源于对祖国和人民深沉的爱，也源于对周总理的衷心感激。

《感人肺腑的"代悼词"》这个故事给予我们的启示，可以说正是在这里。

第四章

严于律己　清正廉洁

一张闪光的收据

　　1966年7月28日,敬爱的周总理来到北京第二外国语学院参加群众集会,中午将在这里吃一顿午餐。学生食堂管理员是个热心人,为了让总理能吃好,他找总理的秘书商量,可否加两盘质量高点的菜,但被婉言谢绝。

　　中午,周总理满面笑容地来到食堂,找了一张空桌就座,和同学们吃一样的饭菜。炊事员感到过意不去,便做了一碗鸡蛋汤,笑吟吟地端到总理面前。面对炊事员的好意,总理不便退回,顺便让给就近的同学喝了。

　　按规定,学生食堂的午餐每份是2角5分钱。秘书交完餐费来到总理身边,总理看了收据,确实按规定付了款,但想到那碗汤,便又问秘书:"汤钱没交吧?"秘书微微一笑,又去交了5分钱。

　　管理员无奈,只得在收据上把2角5分改为3角,并不由得自言自语道:"这真是一张闪光的收据!"后来,这句话便在校园里传开了。

〔评〕事微意深

　　周总理就餐后交的客饭费,令北京第二外国语学院的师生真正感动了。

　　总理为人民日夜操劳,这么大的外国语学院,还在乎他老人家吃顿便饭吗？可是饭后，他让秘书找食堂管理员交了粮票和现金。秘书交完饭费来到总理身边，总理又问秘书："汤钱交了没有？"秘书又去补交了5分钱。这不是5分钱的细事，这是廉洁奉公品格的闪光！它凝聚着总理纯洁无瑕的高尚品德，也汇集着总理毫无自私自利之心的精粹情操。

回味着这件事，使人们自然联想到总理大公无私的光辉一生，同时也使人们看到了我们党和国家领导人的伟岸形象。

事微意深。深在哪里？就是坚决跳出"私"字的小圈子，廉洁奉公为人民！

祖坟轶事

在中国，移动祖坟可以说是天大的禁忌。谁能承担这样的风险？谁敢去做这种不循规蹈矩的事儿？

可是，有一天，周总理突然对秘书提起深埋祖坟的事，问道："你懂我这么做是什么意思吗？"

秘书迟疑一下，不解地问总理："为什么要深埋？"

周总理严肃地回答："为了不占用人民公社的土地，不影响拖拉机耕作，要把祖坟深埋，把坟头铲平。"

"原来总理是为了这个！"秘书边点头，边在心里嘀咕，却没有开口。他凝视着总理严肃而认真的面颊，思索着总理刚才的话语，感动得不知说什么好。那样严峻的表情，那样认真地袒露，他相信，谁见了、听了，都会动真情点赞。

1965年的一天，周总理特地派一位亲属专程去淮安，把安葬在淮安县城东郊的祖父母和生母的遗骨深埋下，从而了却一桩心愿。

事后，周总理了解到深埋祖坟时损害了一些庄稼，动用了一些人力，就寄去了青苗费70多元作为赔偿。

〔评〕一代楷模

古人把祖坟当作神圣不可侵犯的东西，说谁如果动了它就会大难临头。这种说法究竟有何根据，并没有人去考证它。但古训的威力还是极厉害的，直到如今，人们也不轻易在祖坟头上动土啊！

然而，我们敬爱的周总理不信"若动祖坟，诸事不宜"之类的古训，他特地派一位亲属去做族人亲友的工作，在得到理解之后，动了祖坟的土，将祖坟深埋了。因为这样做，是"为了不占用人民公社的土地，不影响拖拉机耕作"。这就足以说明，这位伟大的共产主义战士不以个人家事为念，而以人民的利益为重，不在乎个别人的闲言碎语，而关心社员的生产。这种精神，这等胸襟，真堪称一代楷模。

动了祖坟，损坏了一些庄稼，动用了一些人力，这本来是很自然的事情。不能设想，办理这件事可以秋毫不犯，可以不要人手。但尽管此事顺理成章，总理还是寄去了青苗费等70多元，以赔偿生产队的损失。也许有人会说：这样做，那是太认真了。不错，乍看起来，确实是认真了点。然而总理觉得生产队的庄稼是人民种的，那是人民的利益所在，自己没有权利让人民吃亏。正是基于此，他不声不响地交了青苗费。周总理事事处处为人民群众着想的高尚情怀，由此也可见一斑。

人人都有祖坟，只要对耕作无大碍，也不必都去动土，甚至还应当予以妥善保护。不过，总理那种时刻想到人民的利益的品德，确实很值得我们学习。在当今现实生活中，读着《祖坟轶事》这个小故事，会有一股一心为民的暖流在心里荡漾。

不准扛我这块"牌子"

从记事起,周总理的侄子周尔辉、周保章就知道,伯父是绝对不允许晚辈们扛他的"牌子"的。周总理严格要求他们在填写履历表和入党入团志愿书的时候,都不得填写与他的关系。1974年,他的一个侄子调动工作,邓颖超还趁着侄媳妇来京的机会,在电话中转告周总理要他们到新的地方不要讲出与总理的关系,并教育小孩子也不要讲出去。

有一次,周尔辉回家看望伯父伯母,共进晚餐后,周总理利用饭后的一点空闲时间,给侄子讲述了《尚书·周官》中的一个故事:周公是文王的儿子,武王的弟弟。武王去世以后,立他的儿子成王继位。当时成王年幼,就让周公代理成王行政。周公为国家的利益而尽力,却遭到武庚和三个王叔的忌恨,他们起兵谋反,去攻打周的京都。周公立即集结大批军队,出兵镇压了叛乱,继而颁布了诰令《周官》,其中一句是:"以公灭私,民其允怀。"旨在告诫百官以公心灭私情,民众才会心悦诚服,才能赢得民众的信任。

周尔辉听罢伯父的讲述,立即心领神会道:"伯父,我听懂了,以公心灭私情,这是开明的为政思想,具有以民为本的内涵。"

"你理解得对。"周总理严肃而认真地说:"周公的那句话,出于公元前11世纪的西周初年,不能不令人心悦诚服。今天,我为国家治国理政,当然不能有丝毫私心。因此,严格要求你们不要打我这块牌,你们要说出与我的关系,人家知道你是我的侄子，就会照顾你，你就会产生一种优越感，你的进步就慢了。"

周总理对晚辈们在政治思想上要求严格，在生活上却格外关怀。一天他的侄子周保章回家，恰好淮安老家乡亲们送来一些土特产，包括籼米、莲子等。当时不便退回，就按市价付费后自己留下了。总理知道侄子爱喝莲子汤，便特意嘱咐邓颖超让厨师煮籼米莲子粥，做小米面饼子。厨师把饭做好了，伯父伯母就异口同声："保章！快来尝尝老家特产咧！"

吃罢，总理把侄子叫到身边，谆谆告诫道："我不盼望你做顶天立地的大事，却只盼望你秉持诚实人的立场，保持可贵的老实作风，为党和人民多做实事、好事。你给我最好的表示，就是把自己锻炼成为无产阶级革命事业的接班人。"

周总理的晚辈们都自觉遵照他的教导去做。周尔辉在北京读中学、大学，又在北京工作一段时间，前后十几年之久，周围的人并不知道他是周总理的侄子，直到他申请入党时，组织上派人去淮安调查他的家庭情况，才知道他同周总理的关系。

〔评〕道是无情却有情

周总理不允许侄子讲出与他的关系，并教育小孩子们也不要讲出去。他多次语重心长地对晚辈们说："你们要是说出与我的关系，人家知道你是总理的侄子，就会处处照顾你，你就会产生一种优越感，你的进步就慢了。"这些意味深长的话语，使我们又一次感到：周总理对革命后代要求是多么严格，教育是多么深刻。

也许有人会说：周尔辉的伯父本来就是国家的总理，不准亮这块"底牌",不是有点儿不通骨肉情吗?说这种话的人不懂得,这种所谓"不通骨肉情",正是老一辈革命家对下一代的真正的骨肉情深。周尔辉遵照伯父的教导,在北京读中学、读大学,又在北京工作一段时间,前后十几年,没有人知道他是总理的侄子,别人对他不会作特殊照顾,他本人也没有优越感,而这却让他更加快速地成长进步起来。他深深体会到,伯父给自己定的规矩,是完全正确的,伯父对自己不是不讲骨肉情,而是最讲骨肉情。这种最深沉的爱,就隐藏在所谓的"不通骨肉情"之中。爱之愈深,拒之愈甚。其实,这种"拒",正是给孩子铺就一条广阔之道,一条从青苗成长为栋梁之道。

不要在青少年的心灵上盖上父辈这块金字招牌的印章,让他们在现实生活中学会自强,即发挥自身的能动作用,努力向上,奋发图强。诗经上说:"自求多福。"唐诗中也说:"眼前多少难甘事,自古男儿当自强。"须知,自强不息是中华民族得以绵延几千载、生生不息的精神动力,也是人生应有的昂扬向上的精神状态。

纯真的爱

2001年阳春3月,一个阳光照暖大地、百花争艳的日子,笔者赴京再次采访解放军305医院院长千连弼同志。

千连弼院长是笔者的老战友,早年任8341部队卫生科科长,常与在周总理身边工作的同志交往。一提起敬爱的周总理,他的心总是激动不已。他说:"周总理的故事,像流不完的水,扯不断的线,几天几夜也道不完。"这当口,笔者请他着重讲讲"不许亲属特殊化"方面的见闻。

"先说说周总理的侄子周尔辉"。千连弼点头道:"20世纪60年代初,周尔辉和孙桂云喜结连理。由于两地分居,尔辉在北京钢铁学院工作,桂云在小城淮安做事,他们婚后生活像牛郎织女,难得相聚一回。"千连弼微微一笑:"有一年中秋节,明月皎洁,北斗高悬,尔辉看望伯父伯母后迈出西花厅,不由抬头望了望风韵别致的中秋月,他是不是望月生情呢?……正是为了照顾夫妻关系,北京钢铁学院通过协商,把尔辉的爱人从淮安调到北京工作。牛郎织女似的生活结束了,尔辉和桂云感到一种从未有过的快乐和满足。一个周末,尔辉夫妇一道去看望伯父伯母。从言谈中,周总理才知道侄媳进京工作的事,说:'照顾夫妻关系合情合理,无可非议,但是什么事情都有多种渠道,为什么只能调到首都北京,不能调到外地去呢?'一语刚完,只听坐在一旁的邓颖超笑语道:'伯父是抓城市人口压缩工作的,特别是北京、上海等大城市,更是不能随意进人,不能带头违反国家政策。'不久，周总理说服侄媳孙桂云仍回淮安工作，还让尔辉也调往淮安工作。临行前，周总理语重心长地说：'大学里学的东西好比种子，可以带到家乡去发芽开花结果嘛'，尔辉会意，连连点头。总理又叮嘱说：'回去以后也不能特殊化。'总理这两句严肃认真的话，不单单是尔辉牢记着，而且被人们传开来了。"

"再说说周总理表哥的事儿"，千连弼越讲越来劲，他说："总理有个表哥，名叫万叙生，人很善良，又很机灵，像只毛猴。小时候，他和周总理相处得很好，感情很深。阔别多年后，小表哥帮邻居提井水的快活劲儿，助同学掏鸟窝的灵巧法儿，还不时地活灵灵在周总理梦里跳跃。1950年8月，周总理曾在中南海热情地接待过他这个表哥。1962年，就是这个让人喜欢的表哥，突然来信说家庭困难，生活不济，要求给四女找工作。"讲到这里，千连弼拿起桌上的水杯，咕噜咕噜一连喝了几口，接下去说："对此，周总理二话没说，一边慷慨解囊，自掏腰包寄去人民币60元，帮助表哥解决燃眉之急，一边委托秘书代写了一封回信，信的大意是，'关于你要求照顾四女找工作之事，涉及遵守国家政策的问题，我没有权力做违背国家政策的事，请予以谅解。四女现在当临时工也是劳动，有活干是很快活的，也是很光荣的'。要教育她不管参加什么劳动都是社会不同的分工，都是社会主义必不可少的建设者，一定要好好干，有十分力，决不出九分九。"

采访临结束时，千连弼加重语气地说："周总理就是这样，不许亲属特殊化，却要求他们把革命工作做得好上加好，有十分力，决不出九分九。他常常教育晚辈们：'如果说要特殊化，你们就只能在做好工作这一点上特殊。'这句掷地有声的话语，真是语重心长、爱心纯真啊！"

〔评〕特殊与不特殊

一个革命者，究竟应该在哪些问题上讲特殊，在哪些问题上不搞特殊，周总理给我们作出了榜样。

对待革命工作，要讲特殊。就是说，在这个方面务必要干出特殊成绩，务必要做出特殊贡献。"如果说要特殊，你们就只能在做好工作这一点上特殊。"

对待自己和亲属，要不讲特殊，不搞特殊化。周总理得知侄媳从淮安调到北京工作后，又让她仍回到淮安去工作；周总理对表哥的四女调换工作的请求也做了同样的思想工作。习近平总书记在纪念周恩来同志诞辰120周年座谈会上说："周恩来同志严格要求自己的亲属，给他们订立了'十条家规'，从没有利用自己的权力为自己或亲朋好友谋过半点私利。周恩来同志谆谆教导晚辈，要否定封建的亲属关系，要有自信力和自信心，要不靠关系自奋起，做人生之路的开拓者。他特别叮嘱晚辈，在任何场合都不要说出同他的关系，都不许扛总理亲属的牌子，不要炫耀自己，以谋私利。"

周总理之所以一生奉公行事，不徇私情，之所以一生用自己的实际行动，为全党全国树立了在什么事情上讲特殊、在什么问题上不搞特殊的榜样，说到底，就是由他的世界观、人生观和价值观决定的。他在确定共产主义信仰时就说过："我认的主义一定是不变了，并且很坚决地要为他宣传奔走。"他一生都遵奉自己的誓言。不论战争年代还是和平建设时期，都为着共产主义事业，为着国家和人民的福祉，以公心灭私情，以天下为公为己任。对任何对国家、社会和人民有利的事，都以特殊的劲头、特殊的能量去做好，对任何与国家、社会和人民相悖的事,都不顾自己和亲属的利益,不讲特殊。

当今,有个别领导干部把党和人民交给自己的权力当特权,为自己、为亲属谋私利,有的甚至不择手段,滥用权力,拼命去捞取一切不应该属于自己的东西,直至堕落为人民的罪人。这些人把"特殊"完全用在"我"字上,而不是用在工作上,他们不求在工作上做出特殊的成果,只想在个人和亲友身上大搞特殊化。这些人的心灵,跟周总理相比,真是有如巍峨的高山与一抔黄土之别。

秉建参军

1968年夏末的一天，中南海林荫路两旁，一棵棵松柏高大茂盛，挺拔的树干扶摇直上，凌空展开她那碧绿碧绿的臂膀，宛如绿云蔽天。浓荫中，连蹦带跳地跑过来一个十五六岁的小姑娘，长得苗条身材，鹅蛋形的脸上露出一对妩媚的酒窝，穿一身蓝粗布的学生装，浑身上下透出一股无拘无束的快活劲儿。这个姑娘是谁？稚气的鹅蛋脸上为何洋溢着喜悦？她就是周总理的侄女周秉建。今天，秉建是来向伯父和伯母辞行的，明天她就要到内蒙古大草原去了。

夕阳透过窗户，西花厅内澄明。秉建一眼看清了伯父，两眼闪着欢乐的光彩，抢走两步，紧紧握住伯父的手，仰着俊俏的笑脸，甜蜜蜜地笑着，无比激动地说："伯父，明天我就要去内蒙古草原了。"周恩来望着侄女的高兴劲，也乐呵呵地说："秉建，我坚决支持你去内蒙古草原，希望你沿着毛主席指引的与工农相结合的道路，永远虚心向工人和农民学习。要意志坚强，不要害怕困难，不要躲避困难，愈艰难，就愈要迎难而上，和蒙古族人民一起建设好边疆！"秉建神情坚毅，频频点头道："伯父，您放心，困难会逼着我想办法，通过战胜困难去寻求成功，是一件赏心乐事。""说得好！"周恩来一边点赞，一边加重语气说："你到牧区去，要多想些困难，想的太简单了，遇到这样那样的难处，就容易悄悄向后缩去，这一点千万要牢记在心，不可忘却！"

这时，在一旁的邓颖超把话接过来，语重心长地叮嘱道：

第四章 严于律己 清正廉洁

"秉建，你伯伯说得对，到牧区去，环境艰苦，气候变化大，风俗习惯不同，你不能逃避现实，一旦遇到困难，就只有设法迎头搏击！"接着，邓颖超给秉建再次讲了红军爬雪山、过草地的故事，诙谐道："苦不苦，难不难，想想长征两万五，再大的坎也能过得去哟！"

秉建把伯父、伯母的亲切嘱托记在心上，决心虚心向贫下中牧学习，迎难而上，做贫下中牧的好女儿。

周恩来、邓颖超和秉建一起吃了晚饭，算是给侄女送行。临别，伯父、伯母再次握住秉建的手，温馨的话语，一直说到西花厅门口。

秉建和伯父、伯母告别了，她心中像有一股暖流，热烘烘的。几次回头看去，伯父、伯母还站在门口为她送行，她的心不能够平静下去了，禁不住眼中滚下了两行热泪。

内蒙古大草原真是气势不凡，放眼望去，大片大片的草地没有边，绿油油的草儿一派葱茏，宛如无边无际的绿色绒毯。清风拂来，软绵绵的绿草一起一伏，好像万丈绿锦缎飘飘然涌向远方，使人心旷神怡，颇有心阔眼宽之感。不见大草原，是不会理解"天苍苍，野茫茫，风吹草低见牛羊"这句诗的妙处的。

秉建深深地爱上了内蒙古大草原，爱上了草原上的牧民，觉得和广大牧民生活在一起真是天大的缘分。她激情满怀地一连写了两封信给伯父伯母，信中写道：这里的天比城市的天更蓝、更灿烂，草原上的空气是那么新鲜，天空是那么晴朗，蓝天白云，一碧千里，白色的羊群在碧海中徜徉，说不出的绚丽多彩。牧民纯朴、真诚，待我如同兄弟姐妹一般，我立志在草原生根、开花、结果，把青春献给草原。她还乐陶陶地穿上牧民给她缝制的蒙古袍，骑上牧民牵出来的骏马，一鞭扬起，如霹雳弦惊,在踏踏的马蹄声中,照了张驰骋的相片,给伯父伯母寄去了。

年轻人有热烈的憧憬,年轻人的心为希望燃烧。秉建到内蒙古大草原两个春秋后,一个好消息传来了:草原上开始征兵!闻此讯,秉建的心情是爽快的,因为参军是她从小就有的心愿。七八岁时,她就把毛泽东的《为女民兵题照》记在心中,时常背诵:

飒爽英姿五尺枪,

曙光初照练兵场。

中华儿女多奇志,

不爱红装爱武装。

有几次,秉建看到那些英姿飒爽、敏捷勇健的女兵,真是羡慕到了极点。不几天,草原上掀起了参军的热潮,很多年轻人争相报名,秉建也报名应征,获得了批准。接到批准通知书当天,她就怀着激动的心情,迫不及待地写了封家信,把这件高兴的事告诉伯父、伯母。

这天是1971年元旦,秉建穿着崭新的军装,头戴缀有五星的军帽,兴高采烈地返回北京中南海,一路迈着轻盈、跳跃的步伐去西花厅见伯父和伯母。可万万没料到,刚踏进门,伯父就向她泼来冷水:"你最好脱下这身军装,回到内蒙古大草原上,你不是说那里天地广阔、大有作为吗?自己说的话要兑现啊!"

秉建不敢再看伯父愠怒的脸,她感到一阵强烈的痛愧。她想讲明自己是通过正常手续参军的,但是,她却不敢这样做。

周恩来看出了秉建的心境,口气缓和了许多:"尽管你参军符合手续,但内蒙古那么多人里面挑上了你,还不是看在我们的面子上?我们不能搞这个特殊,一点也不能搞。你应当回

第四章 严于律己 清正廉洁

到边疆去,在那里为建设边疆贡献力量很好嘛!"

秉建抬起眼,看见伯父温馨的眼神,思忖伯父有理、有情的话语,虽觉得又惭愧又难过,但心服口服了。

回到部队后,秉建给部队领导写了封信,申请回草原去。在周恩来的催促下,部队有关领导同意让秉建回到草原。后来,当地群众知道这位纯朴热情的汉族姑娘是周总理的侄女后,深情地说:"秉建是总理的侄女,也是我们草原人民的好女儿。"

〔评〕新家风和下一代

在史书上,在舞台上,我们都常看到这样的事:"父当高官儿享福。"几千年来,人们一直把这看成是理所当然的事了。

然而,现在时代变了,人与人之间的关系变了,父子关系也变了。读了《秉建参军》的故事,很耐人寻味。这篇故事写的是我们敬爱的周总理,他不仅自己保持廉洁奉公、密切联系群众的优良作风,而且经常以革命思想教育侄儿侄女,并坚持让侄女秉建到内蒙古草原落户,让她在劳动中改造自己的思想,建立革命人生观,以便继承革命的事业。在他的教育和影响下,秉建甘心脱掉军装,又回到内蒙古大草原去了,人们以夸奖的口吻说:"秉建是总理的侄女,也是我们草原人民的好女儿。"从这件事中可以看出,总理的侄女是无愧于伯父的教导的,是能够继承父辈的事业的。

但是,在现实生活中,也有少数的父母,他们或者是头脑中还有旧的思想残余,因而以不正确的方式对待家庭和子女,或者是单纯从娇爱子女出发，怕儿女"吃苦""受罪"，总是从生活上百般照顾，甚至认为，现在条件好了，让他们享点福是"理所当然""无伤大体"的。在这种情况下，有些年轻人胸无大志，在物质享受上"力争上游""不甘落后"，生怕自己在这方面不能"出人头地"。像这样的青年人，怎么能够指望他们去当共产主义的接班人，怎么能够指望他们建设中国特色社会主义呢？由此可见，青少年要接好老一辈的班，当好接班人，少不了父母良好的家教，也少不了青少年乐于接受教诲，自觉发挥自身的能动作用，昂扬向上，自强自立，不断提升自己的奋斗精神和人格境界。

"天将降大任于斯人也，必先苦其心志，劳其筋骨，饿其体肤……"一个人要担当起时代赋予的伟大使命，免不了要经过许多磨难，许多挫折，只有勇敢地去面对，去战胜它，才能自强自立，大有所为，开创出一番事业，赢得出类拔萃的人生。

当今，为夺取新时代中国特色社会主义伟大胜利、实现中华民族伟大复兴的中国梦、实现人民对美好生活的向往，我们的父辈是要委大任于下一代的，用什么办法使我们的青年人能够完成这个大任呢？用什么办法帮助我们的青年人抛弃"过早的幻想舒适的鸡窝"的陈腐观念呢？从父辈的责任说，那就是要不断地对青少年进行革命传统教育，让他们懂得现在的生活来之不易，鼓励他们到艰苦的环境中去"苦其心志，劳其筋骨"，使其成为有用之才、栋梁之材。从青少年一代说，那就是要虚心地接受老一辈的教导，经得起艰苦环境的锻炼，使自己成为擎天耸立的苍松。

"路漫漫其修远兮，吾将上下而求索。"亲爱的青少年朋友们，为追求你们的梦想，努力奋斗吧！

几封荡人心魄的信

周总理曾为家事给中共江苏省淮安县委写过几封亲笔信，在他身边工作的范若愚等秘书有几段这方面的叙述：

1958年6月29日，周总理用毛笔给中共江苏省淮安县委写了一封长达5页的信。信上说：

"前接我家弟媳陶华来信，得知县人委准备修理我家房屋，我认为万万不可，已托办公室同志从电话中转告在案。

"远在解放初期，县府曾经重修我家房屋，我已万分不安。当时我曾考虑将这所旧屋交给公家处理，但由于我家婶母还在，又恐房子交给公家后，公家拿它做纪念更加不好，因而拖延至今。

"现在正好乘着这个机会，由我寄钱给你们先将屋漏部分修好，然后将除陶华住的房屋外的全部房院交给公家处理，陶华也不再收房租。此事我将同时函告陶华，并随此信附去人民币五十元，如不够用，当再补寄。

"在公家接管房院后，我提出两个请求：一是万不要再拿这所房屋作为纪念，引人参观。如再有人问及，可说我来信否认这是我的出生房屋，而且我反对引人参观。实际上，从我婶母当年来京谈话中得知，我幼时同我寡母（这是周总理的过继母亲，不是生母——编者注）居住的房屋早已塌为平地了，故别人传说，都不可靠。二是如公家无别种需要，最好不使原住这所房屋的住户迁移。后一个请求，请你们酌办；前一个请求，无论如何，要求你们答应，否则，我将不断写信请求，直到你们答应为止。"

这封信中，还讲到另一件事："我家里一点坟地，落在何方，我已经记不得了。如淮安提倡平坟，有人认出，请即采用深葬法了之，不必再征求我的意见，我先此函告为证。"

信的最后还说："个人家事，麻烦你们甚多，谨致谢意，顺祝健康！"

1956年，周总理的婶母患病，淮安县委立即送到县人民医院治疗。后来，因病情反复，县人民医院便写信向周总理汇报，周总理于1956年10月29日给淮安县人民委员会写了信。信开头便说："前几日接到县人民医院一信，知我婶母的病最近又重复发。陶华来信说你们也常派人去看望和给治疗。谢谢你们亲切的关心和照顾。"

信中还说："我婶母的病我们知道是无法治疗，今后一切治疗还要麻烦你们。（请县人民医院治疗好了）不要向外地转治。如果治疗无效，一切后事也请你们代为办理。但要本着节约和简朴的精神办理。现寄去人民币贰佰元作为治疗和办理后事的费用。如不够时，请你们先垫付，事后来信说明支付情况，我再补钱去。"

信的末尾还盖上了自己的图章，底眉的括弧内又说："此信请转人民医院负责同志一阅，不另附信。"

周总理的婶母终因年高体弱，病情严重，治疗无效而去世。县人民委员会便打电报告诉周总理。恰巧总理公出，邓颖超在1956年12月24日给淮安县人民委员会写了信。信上说：

"先后收到给恩来同志的两次来电。我们的婶母亡故的后事，承你们照料办理，深为感谢。前寄费用如有不足，请告知，当由我们寄还。"

淮安县委考虑到周总理日理万机，无暇处理这些家务事，超支费用又很少，就没有把不足费用的数字写信告诉总理。但是，周总理并没有放过这件事，又请办公室一位同志，于1957年3月13日给淮安县人民委员会写信追问这件事："总理伯母去年逝世后的善后费用，请你们将费用单据邮寄我室呈总理，总理说由他工薪扣除汇寄你们。"在这种情况下，淮安县委才将实际开支的情况告诉周总理。不久，便收到了周总理1957年4月19日用复写纸打印、盖上自己图章的复信。信上说：

"几年来，你们对我婶母的照顾与关怀，尤其在她患病、住院治疗期间，为了她的健康、住院治疗，的确给你们增添了不少的麻烦，今特向你们表示谢意。"

信上还说："我婶母家现还有陶华等人，今后她的生活费用均由我这儿接济，请当地政府对她勿再予照顾。"

随着这封信，周总理又寄来婶母安葬善后费用尾欠垫款25元。

1958年，淮安县委帮助周总理弟媳陶华治了病。周总理知道以后，在12月22日，委托办公室一位同志给淮安县人民委员会写了信。说据陶华信中讲："她近几月来因病，曾在淮安、南京等地医院做了长时间的治疗，现在病已基本好转了。在治疗期间所花经费是由你县借给的，到目前为止共借了六十元。"周总理唯恐陶华把钱数讲少了，信中还说："但不知真实情况如何？望来信说明一下。"并随信寄还人民币60元。

三年经济困难期间，淮安县委为了周总理和邓颖超的健康，在1961年春节前夕，托人带了一点故乡的土特产给周总理和邓颖超。1月16日便收到了周总理委托办公室代写的一封信，信上说：

"你县送给周总理和邓大姐的藕粉、莲子、馓子、工艺品以及针织品都已收到了。你们对周总理和邓大姐的热爱和关怀，他们是知道的。但是周总理和邓大姐认为：在中央三令五申不准送礼的情况下，你们这样做是不好的。现在周总理和邓大姐从他们的薪金中拿出一百元寄给你们，作为偿付藕粉、莲子、徽子、工艺品的价款。其他的一些针织品，待以后有便人再带给你们。总理指示将中央关于不准请客送礼的通知寄给你们一份，请仔细研究，并望严格执行。"随着这封信，的确附寄了一份《中共中央关于不准请客送礼和停止新建招待所的通知》。

〔评〕权重不移公仆心

周总理亲自或者委托工作人员代写给淮安县委、县人委的这几封信，是多么亲切而又多么发人深省啊！这充分反映了他一心为人民，毫不谋私利的高尚品德。

位尊不泯济民志，权重不移公仆心。周总理正是这样要求自己，也是这样去做的。身为国家政府的首脑，不做"社会主人"，甘心做社会公仆，这是十分难能可贵的。这种美德，多年来一直为人们所津津乐道，广为流传，成为激励亿万人民克服艰难困苦，夺取节节胜利的巨大动力。广大群众从他的模范行动上，增强了对共产党的信任，激发了跟党干革命的斗志。对这种美德的作用，不论怎么估量也不算高。

马克思、恩格斯有一句名言：无产阶级在夺取国家政权以后，必须防止国家工作人员"由社会公仆变为社会主人"。每一个领导干部，都应当从周总理的这几封信中得到启示，受到教益。尤其是那些一味利用手中的权力，大刮特殊化之风，大搞特殊化之事的领导干部，更应该从中受到感召和鞭策，自觉地对照周总理那种"权重不移公仆心"的革命精神，找出自己的差距，克服自身的弱点，做一个全心全意为人民服务的勤务员。每一个青少年，也不要认为我们可以远离"公仆"这个关键词，而应当从小自觉养成公仆心。

为什么？因为只有从小在心里撒下为人民服务的种子，才能渐渐生根、发芽、结果，一生把"人民公仆"四个字，牢牢地镌刻在心坎上。这样的人，他们心怀天下，悲悯苍生，牵挂着别人的冷暖，疼痛着别人的苦难，宁可自己受苦受累，甚至付出更大的牺牲，也要为他人的需要做点什么。君不见，周总理不正是这样的人吗？！雷锋、焦裕禄不也是这样的人吗？！

青少年朋友们，世上最有价值的东西，不是高官厚禄，不是家财万贯，而应是一颗纯朴、善良的公仆心。古人说："盛年不重来，一日难再晨。"在人生"拔节孕穗期"，如果不立公仆心、鸿鹄志，不为人民干一番事业，当他回首往事的时候，只会为碌碌无为而羞愧。反过来说，青少年时期，立下公仆心、鸿鹄志，以奋斗者的心态求人生价值的方程式，那么，无疑会为你留下一份丰富无悔的回忆，也无疑会成为你受用终身的财富。

人民的好当家

笔者第二次采访千连弼院长，是2004年10月。这天，秋高气爽，早霞满天，浅黄色的日光，射在郑州西郊的碧野上，像镀上一层金，解放军153中心医院坐落在这里。笔者与千连弼多年前曾在该院工作，今天是来参加医院50华诞大庆的。趁此兴会，再次畅谈，不知不觉又谈起敬爱的周总理。

也许是早年工作之便，与在周总理身边工作的人员接触较多的缘故，千连弼说他一提起周总理，就感到一股暖流通向全身。他的脸庞显出被想象不到的兴奋所陶醉的样子，松开皱纹脸，笑着，谈着。他说："老百姓称总理是中国八亿人民的好管家，真是再贴切不过了。泱泱大国的总理不是赤手空拳，而是握着成百上千亿的钱财，但他从来是公私分明，从来不花公家的一分钱。记得有这样两个细节：1965年仲秋的一天，周总理到人民大会堂看演出，司机忘了记汽油费。对这点芝麻大的小事儿，总理也不放过。他叫来司机说，'这是私事，用公车应该记账，你漏掉了，做得不对，希望下不为例。'司机只得当面检讨，下次不再忘了。原来，周总理把上医院、看演出等都定为私事，要司机同志一笔不漏地记下账目，每年年终付清汽油费。"

千连弼说到这里，脸上露出了微笑。他喝了口水，接下去讲了第二个细节："一天傍晚，从树枝中穿过的绚丽夕阳，穿过北京饭店的玻璃窗，窗上、桌椅上、地面上、都抹了一层淡淡的红光。此刻，周总理浴着霞光，借着灯光，细细地看着一

第四章　严于律己　清正廉洁

张账单。看着，看着，不由眉头紧锁，无言暗忖着：'不是六菜一汤吗？怎么就收这点费用？不是应该有整有零吗？怎么正好是个整数？这也叫按价收费？'于是，总理笑着对身边的工作人员说：'哪有这么巧，一定是少收费了。'他让饭店的服务员把每个菜的价钱开列出来，按实际售价补足了钱。为什么会发生这样的事？原来，总理这天在北京饭店会见外宾后，自掏腰包请工作人员吃一餐饭，没料到饭店的收银员不是按价收款，而是只计算了成本费。"

千连弼亲耳所闻的这两个细节，他记得真切，所以讲得很认真，很仔细。他说，类似这样的故事还有很多。比如，周总理家乡的亲友来北京开会，顺便给他带来一点土特产；又如，老熟人、老战友赴京办事，顺便给他捎来一些果品，他总是要工作人员原封不动地退回。实在退不了的，就按市场价付钱汇去，同时附上一份国务院关于不准请客送礼的文件。

"这就是我们亿万中国人民的总理，这就是泱泱东方大国的总理！"千连弼加重语气结束了讲述，眼里闪烁着激动而崇敬的光彩。

〔评〕"以人为镜"

读了《人民的好当家》，使人对周总理产生无限敬慕之情。从这两个故事中可以看出，总理不仅因私事用汽车付了油费，因私事在饭店用餐按价付款，而且还不让亲友给他送礼物，不利用职权之便吃请收礼。这是一种多么可贵的品质。

周总理对任何形式的额外待遇，都是不能容忍的。他的老家——江苏淮安县的同志来北京开会，顺便给他带来一点

101

土特产。总理知道了,立刻委托工作人员把东西原封退回,并附上一份国务院关于不准请客送礼的文件。至于其他省市的老战友、老熟人送来的礼物,周总理更是照此办理,不是一概退回,就是照价付款,有时甚至付上加倍的钱,借以教育这些同志,让他知道不该送礼。周总理为人民鞠躬尽瘁,却从不考虑要从人民群众那里去获取什么,这样的高尚美德值得我们铭记。

笔落至此,忽然想到《旧唐书·魏征传》中的几句话:"以铜为镜,可以正衣冠;以史为镜,可以知兴替;以人为镜,可以明得失。"其意是说:以铜镜作为镜子,可以整理衣冠;以历史作为镜子,可以了解朝代兴衰的规律;以人作为镜子,可以知道自己的得失。我们广大青少年应当"以人为镜",以周总理的言行作为参考,来检验自己的言行是否正确,牢固树立正确的人生观、价值观,做一个品行高尚的人。

拒绝祝寿

周总理一生中多次祝贺过战友和同志们的寿辰,却从来都不允许任何人为他祝寿,甚至连自己的生辰也不告诉别人。

1943年3月5日,春天爬上了柳梢,轻风微微地吹拂着,给八路军驻重庆办事处平添了许多生趣。刚刚落下来的几只可爱的喜鹊,在柳树枝头跳来跳去,吱吱地叫着,活泼非常,喜气非常。

就在这时,办事处有人说出3月5日是周恩来45岁生日,同志们顿时活跃起来,有的人甜蜜蜜地笑着,有的人议论不休,抢着说这样祝福好那样表示好。

这番热烈的议论不知道怎么传到了周恩来耳边,他衷心感谢同志们的好意,但坚决不同意祝寿,也不同意敬献"福如东海,寿比南山"之类的贺词。这时,有的同志提议说,我们不祝寿,吃顿长寿面总可以吧?谁知道,周恩来还是不同意,并说,面条哪天都可以吃,唯独今天不行。敬爱的周总理就是这样严于律己,他心里时刻都想着党和人民,唯独没有自己。

〔评〕从这道禁令说起

有人讲究吃喝,有人喜欢听奉承话,有人讲究请客送礼,不过,有的人在为国家、为民族、为人民做事上特别讲究,以公灭私,不徇私情。这种差异,与其说是爱好上的差异,不如说是一种品格上的差异。

早在青春勃发时期，周恩来就怀抱"人生最高之理想，在求达于真理"的志向，将目光投向科学社会主义的新路径、新方法，不懈追求民族独立和人民解放的奋斗目标，在风雨中迅速成长为中国人民和中华民族的卓越领导人之一。1949年10月1日，毛泽东主席在天安门城楼上庄严宣告中华人民共和国成立，标志着"中国人从此站立起来了"！从近代以来久经磨难的中华民族迎来了曙光，中国实现了从黑暗社会向光明前途的转变。在这个伟大的转变中，周恩来的功勋令世人瞩目，受到亿万人民的尊敬和爱戴。

尽管周恩来为党和人民作出了不可估量的贡献，但他从不居功自恃，从不接受任何形式的颂扬和祝贺，甚至拒绝同志们为他做生日寿面。他这种只做贡献不求礼赞的优秀品格，使人们极为尊敬、向往。

当今，生活在中国特色社会主义新时代的人，不论官有多大，地位有多高，都需要经常扪心自问：面对周总理的这道禁令，你凭什么热衷于设宴祝寿、大收礼金？这一问，可能会问出一身冷汗，会使明白人不敢喝寿酒、听好话、收礼金，不敢逆党的八项规定而动，而胡作非为；会使头脑清醒的人沐浴在清新纯净的党风、社会风气之中，时时、日日、月月、年年，把愈来愈好的社会元素融入自己的脑海之中，从而使党风和社会风气更上一层楼。

乐于借生日之便，邀请亲朋好友前来赴宴，固然可鄙；把听奉承话习以为常，也未能尽善；只有像周总理那样带头给自己下禁令，才能使党风、民风转变风向，让一股股徐徐飘荡的春风扑面而来，让浸润着馥郁花香的春风吹遍神州大地。

一道禁令虽小，却可以喻大。

第五章

取之有度　用之有节

简陋的办公室

一千多年前,唐代诗人刘禹锡创作了千古传颂的名篇《陋室铭》:

山不在高,有仙则名。水不在深,有龙则灵。斯是陋室,惟吾德馨。苔痕上阶绿,草色入帘青。谈笑有鸿儒,往来无白丁。可以调素琴,阅金经。无丝竹之乱耳,无案牍之劳形。南阳诸葛庐,西蜀子云亭。孔子云:何陋之有?

千年过去,弹指一挥间。如今,我们敬爱的周总理的办公室又是怎么样的呢?据中国历史博物馆《纪念周恩来总理文物选编》记载:"坐落在中南海的三间旧式北房,是周总理的办公室。周总理从1949年进城,直至重病住院,就在这个办公室为中国人民和世界人民日夜操劳。办公室北墙中间,陈放着伟大领袖和导师毛主席的古铜色半身塑像。靠东西两面墙立着四个书柜,放满了马列著作和毛主席著作,以及各种工具书。三张方桌拼接的长会议桌,占了办公室的大部分。周总理的办公桌斜放在办公室的右边。办公室右侧茶几上有三部电话机一字排开……我们的周总理,就是在这样一间普普通通的办公室里,日理万机,处理着党和国家的大事。"

中南海风景秀丽,仰首一望,苍松翠柏,扶摇直上青天,美丽而又庄严。但是,坐落在这里的周总理办公室,却是那么普通,那么简陋。办公室天花板的灰皮已经脱落,门窗的油漆也脱落不少,花砖地亦有些裂缝。周总理身边的工作人员多次提出应该修一修。然而,每当有人提起此事,周总理总是拿出毛主席在党的七届二中全会上的谆谆告诫应对："务必使同志们继续地保持谦虚、谨慎、不骄、不躁的作风，务必使同志们继续地保持艰苦奋斗的作风。"周总理就是这样始终坚持贯彻毛主席的这一教导，坚持发扬艰苦奋斗的优良传统和革命作风，一直不允许装修他的办公室。

1959年，工作人员乘着周总理到外地的机会，把灰顶改成板顶，安装了吊灯，还油漆了门窗，换了新窗帘。周总理回来后，严厉批评了工作人员，直至把吊灯拆下来，换上旧窗帘，才进去办公。就是这样，周总理还嫌修得太好了。为这件事，他还两次在国务院的会议上作了自我批评。

周总理办公室的办公用品，可谓简陋得不能再简陋了。工作人员多次提出，给他买些好一点的办公必需用品，他都谢绝了。有一次，一位工作人员想给他买个台灯，他一边摇摇头，一边讲了一个故事：在先秦诸子之中，墨子以俭朴的德行来约束自己，他对统治者沉湎于骄奢淫逸、贪图享乐痛恨至极，提倡克勤克俭，过俭朴生活。他在《墨子·辞过》中倡导"俭节则昌，淫佚则亡"，告诫世人节俭就会昌盛，奢靡腐化就会败亡。他利用著书立说、讲学传授等办法，到处宣扬自己的观点，吸引了许多人做他的弟子，在先秦诸子中独树一帜，其传播很广，影响很大。周总理讲罢这个故事说："买台灯可以作罢，我们有工人，可以自己做嘛。"没过几天，国务院机关的电工同志就自制了一盏落地式台灯，放置在周总理办公室。周总理当面对电工同志表示谢意。随后，工人用五合板，做了一个别具一格的文具盒；用解放军战士打下美国飞机的残片，做了墨盒、镇尺等。

我们敬爱的周总理，就是这样"克勤于邦，克俭于家"。他对于国家大事殚精竭虑，尽心尽力；对于个人需求则是"取之有度，用之有节"，始终坚持节俭自律，决不肆意挥霍国家财物。

〔评〕陋室生辉

1949年进北京城，周总理搬进中南海的三间旧式北房办公。一个大国的总理办公室，没有现代化设备，没有豪华的摆设，甚至连办公用品都很简陋。

解放之初，国穷民困，百废待兴，权且将就一下，不是不可以。可是，10年后、20年后，直至周总理病重住院，他依然在这个办公室里，为国为民耗尽了心血和精力。在这期间，不少国家机关搬进了新楼房，而周总理却还是住平房，用着最普通的办公用具。

其实，同世界各大国的总理、首相比，周总理的节俭确实是独一无二的，因为他是真正以天下和人民为己任的革命家。他深知，无产阶级只有解放全人类，才能最后解放自己。因而，他就能自觉去实践"先天下之忧而忧，后天下之乐而乐"。我们敬爱的周总理，就是这样一位伟大的无产阶级革命家。

周总理说过：我们共产党人不信奉苦行僧主义。我们现在艰苦创业，是为了将来进入人类最美好的共产主义。而他的陋室，正是与远大的共产主义理想紧紧连在一起的。

如今，当我们看到周总理办公室这一件件简陋的陈设时，就仿佛看到了一位伟大战士坚守过的无产阶级革命阵地。周总理就在这个阵地上，为我国社会主义革命和社会主义建设，为共产主义事业顽强战斗，无私地奉献了自己的一切。

周总理的办公室，虽是陋室，但却散发着他高尚品格的无尽光辉。

周总理家的年夜饭

1961年的除夕，北京和全国城乡一样，人声鼎沸，热闹非凡。王府井灯火辉煌，西单花炮腾空……良宵月夜，周总理的侄子周保章，喜气洋洋地来到西花厅，和伯父伯母欢度除夕，真实感受到总理家吃年夜饭的情景。

那天黄昏，还未敛尽的晚霞，映在西花厅摆好的三张饭桌上，隐隐约约地让它浸染在一缕缕玫瑰红的色调里；如眉般的月亮，好像含羞的新妇，只露出少许眼角眉梢，似乎有意与未尽的霞光交相辉映，给除夕添加了奇妙的喜气。

周总理夫妇把在京的亲属、工作人员及其家属都请到了西花厅。不论男女老少，乐呵呵地把西花厅挤得满满的，三大桌也坐得满满的。整个西花厅都充满了欢声笑语。尤其是孩子们，最喜欢的就是热闹，在这温馨的气氛中，仰着鲜红的小脸，甜甜地唱着歌曲。

就在这一阵阵的笑语欢声中，只见工作人员端上了热气腾腾的包子，还有黄澄澄的小米稀饭。除夕宴就这样开始了。大家一个挨着一个，一边吃着包子，一边聊着家常，大厅里充满香味、油味、温馨味。伴随着这迷人的味道，周总理笑容满面地向大家问好，祝贺大家春节快乐！什么使春节快乐，不是桌上供着鸡鸭鱼肉，香烛酒水，而是新中国带来的幸福，是温馨的团聚和问候。周总理的祝词赢得一片热烈的掌声。

这时，宴会主持人邓颖超接过总理的话茬，意味深长地说："为什么今天请大家喝小米稀饭呢？是因为中国革命是小米加步枪打出来的；为什么吃包子呢？是因为中国共产党和毛主席领导我们推翻了三座大山，建立了新中国，人民生活有了改善，所以今天能够吃到肉包子，我们不能忘记中国共产党和毛主席的恩情。"

邓颖超的一席话说得大家乐开了怀，大厅里再次响起热烈的掌声，"团圆饭"达到了高潮。

〔评〕"克勤于邦，克俭于家"

《尚书·大禹谟》中有一句话："克勤于邦，克俭于家。"这句话语言浅显而内涵深邃。其大意是：在国家事业上要勤劳，在家庭生活上要节俭。有一个故事说，大禹勤劳于治水大业，三过家门而不入。还有一个故事说，尧、舜的生活十分节俭，穿的是粗布衣，吃的是杂粮饭，喝的是野菜汤。由于尧、舜、禹勤于事业俭于家，所以赢得了老百姓的拥护和爱戴。

由此联想到我们敬爱的周总理，他一生勤于国事，为着国家富强，人民安居乐业，过上好日子，不折不扣地做到了"鞠躬尽瘁，死而后已"，即使到了生命的末期，依然忧虑操劳国家大事，把办公室移到了病榻上，辛勤劳作，直至心跳停止。他对于国家大事尽心尽力，而对个人的生活却格外节俭。从《周总理家的年夜饭》这个小故事中不难看出，其生活节俭到何种程度。据在周恩来身边工作的王诗书、桂焕云等人回忆，周总理始终反对骄奢淫逸，提倡节俭。他经常宣传自己的观点：古往今来，大到邦国，小到家庭，无不是兴于勤俭，亡于追求安逸享乐。这是几千年的历史所昭示的真理。由此观之，周总理崇尚、践行勤俭，来自"居安思危，戒奢以俭"，以实现国家长治久安，人民幸福安乐的崇高信念。

如今，实施"八项规定"以来，大兴楼堂馆所、违规使用公务车，大操大办婚丧喜庆，公费旅游、公费请客送礼、公费大吃大喝等享乐主义和奢靡之风虽有较大好转，但仍有少数单位、少数领导顶风违纪，公款消费，利用现代物流快递送礼，以礼品册、提货券代替实物商品，利用电子商务提供微信红包、电子礼品预付卡等。这种情形说明，落实"八项规定"在执行层面上还有很多事情要做。

千言万语一句话，不管时代如何变化，勤俭作为中华民族的传统美德，作为一种工作态度、生活作风或治国方针，还是要大力提倡的。

我们不能搞特殊

周总理有个好记性。我国国民经济暂时困难的1962年，周总理每天要看价格表，从粳米到籼米，从小米到高粱，从白面到黄面，从绿豆到黄豆，直到猪肉、牛肉、羊肉、鸡蛋、蔬菜等，每斤多少钱，几角几分，几分几厘，他能丝毫不差地从头背到尾，他说："物价关系老百姓的生活，不了如指掌不行啊！"

周总理把亿万百姓的冷暖挂在心上，想得细，抓得实，可对自己的生活却总是因陋就简，丝毫不考虑自己过得怎么样。1962年9月间，周总理赴东北三省视察，随身带着自己简简单单的行李：一条在抗日战争年代就开始用的毛毯，一床薄薄的旧军被，枕巾也已磨得断丝透亮。

在黑龙江视察时，服务员为了让周恩来同志休息好，在房间里摆了沙发，铺上了新的毛毯，放上新的缎被。可是总理不仅不睡沙发，连新毛毯、新被子也不用，还是睡在硬板床上，铺上自己带来的行李。

周总理一到长春，就让随行人员向宾馆提出了一张禁吃的菜单：鸡、鸭、肉、鱼、虾、蛋、木耳、海米等70多种。规定每顿只能做两菜一汤，伙食标准不能超过5角钱。有一次，厨师已经把碗筷放好，饭菜都端上来了：一碗白米饭，一碗黄面粥，三样菜肴：香椿炒腰花、白菜烧豆腐、莞豆炒韭菜。总理一进饭厅，就发现了哪里不对。细一看，果然加了一道菜，而且还有腰花，不由眉头紧皱："不是说好了两菜一汤、不吃肉吗？"厨师笑道："这顿饭没有汤，就加了样菜。"总理道："黄面粥不是汤是什么？"厨师低垂着脑袋，无言以对，只好按照总理的意思，把香椿炒腰花端了下去。

看到这种情况，工作人员心里总觉得不安，感到总理的营养跟不上去，会影响身体健康啊。总理不肯吃肉、不肯加菜，可不可以给他添加点油水呢？倘因此发生别的事又如何解释呢？但随后也就顾不得仔细推敲，先来点新花样吧！一天早晨，厨师炸了几根油条端上餐桌，没想到，总理一看，严肃冷峻、毫不徇情地说："当前，国家正处于暂时困难时期，每人每月只供应几两油，做这东西多费油啊！我们不能搞特殊，特别是在面临物资匮乏的时候，更要精打细算，才有助于渡过难关，将来形势好了，仍然要注意勤俭，不可轻忽。"

[评] 壮美的胸怀

人们读了这篇不到800字的故事后，也许会提出一个问题：周总理为什么要自找苦吃？

是的，周总理到外地视察，随身带着自己简朴的行李，这不是自找苦吃吗？！周总理一到视察之地，就向宾馆提出鸡、鱼、肉、蛋、木耳等70多种东西不能吃等要求，这不也是自找苦吃吗？！

那么，周总理这样做，又是为了什么？

还是听听周总理自己响亮的回答吧：群众有困难，做领导工作的更不能搞特殊。

周总理的苦与乐，是与广大群众的苦与乐密切联系在一起的。他一生所有行动的出发点，都是为大多数人的最大利益的，都是以实现共产主义作为最终目标的。因此，对于他个人来说，就是要时刻想到大多数人，要尽心尽力为大多数人谋利益。当时，正是我国国民经济暂时困难时期，人民的困难，就是他自己的困难，他决心要与群众同甘苦，共患难，这正是周总理的壮美胸怀。

把自己的命运同最大多数人的命运紧紧相连的人，无疑是胸怀最壮美的人。从这里使笔者想到了高尔基回忆列宁的一篇文章中的描述："在困难的、饥馑的1919年，列宁羞于吃同志、士兵和农民从内地寄给他的食物。当包裹送到他简陋的寓所里的时候，他就皱着眉头，局促不安，匆忙地把面粉、糖、牛油分给害病的或由于食物不足而变得虚弱的同志们。"像列宁和周总理这样有着壮美胸怀的人，他们总是目光远大，无私无畏，奋发向前。这样的人，才能永远以人民公仆的身份，带领广大群众为祖国的繁荣富强、人民的美好生活而勇往直前、不懈奋斗。

周总理的睡衣

一天早晨，红日用热情的手臂，揭起轻柔的帐幔，中南海抹了一层淡淡的红光。浴着绚丽的朝阳，千连弼医生走进西花厅看望周总理。寒暄少许，他忽然发现总理身上的睡衣有几个补丁，而且发现左袖上又有了破洞，顺便询问一句：

"总理，您这件睡衣穿多久了？"

"我记得还是1951年初冬做的，距今有20多个年头了吧。"

"20多年来！其间没有做件新的吗？"

"没有。"

"您也太节俭了，应该换件新的呀。"

"这件睡衣好好的，没有理由更换啊！"

千连弼注视着总理，微微笑道："还说没理由啊，您看睡衣上打了多少个补丁。您再仔细看看，袖上又破了个洞呢！"

周总理笑了笑，豁亮的眼睛紧紧盯着左袖的破洞，跟着又笑了笑，诙谐地说："俗话说得好，新三年，旧三年，缝缝补补又三年，破了没什么，补补还可以穿嘛。"

事实上，周总理的这件睡衣，20多年来穿破了就补，再破再补，白底蓝格的绒布已经磨成了无绒无格的白布了。夏天，当周总理彻夜工作到第二天晨曦初露，凉意扑来时，就披着这件睡衣，继续勤奋地为党和人民工作。

第五章　取之有度　用之有节

〔评〕中国特色社会主义靠什么去建设

一套睡衣，周总理穿了20多年，蓝绒布磨成白布，补丁摞补丁，他依然穿着。这样的事情在总理身上还有很多：一件衬衫，很破旧了，换了领子、袖口，周总理继续穿着它，在中南海工作时不丢，重病住院后还是没丢。一条毛巾破了几个洞，补一补，又使用下去……

为什么周总理要那样做？他既不是吝啬，也不是做作，而是一种艰苦朴素的理念在他身上起作用。周总理说过两句十分感人的话："穿着补丁衣服照样可以接待客人""艰苦朴素是我们共产党人的本色。"这两句看似普通的话语，背后却包含着多么深邃、多么可贵的革命精神！

深在哪里？贵在何处？

简言之就是，保持和发扬了我们党艰苦奋斗的光荣传统，表现了一个共产主义战士对党和革命事业的无限忠诚。

我们知道，周总理在延安时期，为了战胜困难，亲自参加纺线、织布，在日常生活中，穿的是土布衣，吃的是小米饭。全国解放后，他深知胜利以后的路程更长，工作更伟大，更艰苦，因而必须继续保持艰苦奋斗的作风。伟大的共产主义战士，总是和艰苦奋斗联系在一起的，不管在物质条件极端困难的情况下，还是在物质条件逐步改善的情况下，他们总是以艰苦朴素的生活为荣，自觉做艰苦奋斗的模范。我们敬佩周总理，敬佩他那永不褪色的革命家本色。

这又使人想起有人提出的一个问题：中国特色社会主义靠什么来建设？我国的社会主义有着光明的前途，但同时还存在着不完善的地方。在这样的状况面前，中国特色社会主义的繁荣昌盛靠无所作为的叹息、处身事外的埋怨、冷言冷语的指责，是实现不了的，靠追求享受、铺张浪费、好逸恶劳更是实现不了的。它要靠我们坚持艰苦奋斗的革命精神，逐步逐步地才能实现。

  一套睡衣，一件衬衫，一条毛巾……表明了周总理艰苦奋斗的高尚情操。人的高尚情操是一盏明灯，它会照亮人生的路，指引人们勇敢地品味生活中的酸甜苦辣，只要有了这种高尚情操，再困难的环境都不能把他击倒。

餐具、皮鞋和手表

历史上有这样两则故事：

商纣王用餐使用象牙筷子，金碗、银盘应有尽有，其奢华之举令其臣子惊恐不已，不得不逃之夭夭，原因是看到了纣王的贪欲一发，将不可遏止，最后的命运必然是事业的衰败，国家的灭亡。

慈禧太后不仅在穿戴上奢侈无度，而且在餐饮上也贪图奢侈享乐，用的是世界上最高档的玉材做的碗筷，吃的是山珍海味，人参燕窝。她骄奢淫逸，靡费财物到了极致，其结果同样是招致国家的灭亡。

周总理不忘前车之鉴，他把《墨子》的"俭节则昌，淫佚则亡"之论铭刻在心中，并切实付诸实践。周总理的饮食很普通，每顿没有鸡鸭鱼蟹，更没有山珍海味，向餐桌上看看，只有两菜一汤。而且周总理规定，每周主食必须有两三顿或更多一点的粗粮，如黄面窝窝头、小米饭等。周总理的餐具简单得不能再简单了，几个普通的白色蓝边搪瓷碗，已经用了二十多年，碗边也已经掉了瓷，盛汤的用具是个普通的陶罐，端饭用的木盘，边上还有点破损。

再说说周总理的穿戴。夏季，天气热起来了，总理总是穿着一双黄颜色的皮凉鞋，春、秋、冬总是穿着一双黑皮鞋，这两双鞋已经穿了二十几年，鞋底和皮鞋带修补、换过多次。由于周总理没有多余的皮鞋可换，工作人员几次给他换鞋底，都是利用他睡觉的时间修理的。脚上穿的如此，那么手上戴的又如何呢？周总理有一块上海牌手表，一戴就是二十多个春秋，坏了修，修好再戴，从不嫌弃。有一次，周总理的手表又坏了，要服务人员送去修理。这位服务人员觉得，这块手表已经修理多次了，不必再照此办理了。灵机一动，便自作主张给周总理买了块新型表。谁知，周总理接过这块新表看了看，然后微笑着说："谢谢你，我那块上海牌表修修还能用嘛，你把这块新表退回去吧！"

本以为可以趁此机会给总理换块手表，没想到周总理还是让他退回去了。这位服务员感慨地说："我们敬爱的周总理总是俭德至上啊！"

〔评〕俭以养德

新中国成立十多年后，我国的生产建设有了迅猛的发展，人民群众的生活逐渐好转。可是周总理，仍然用着碗边掉了瓷的碗，穿着换过多次底的皮鞋，戴着普通的上海牌手表……在这些容易被人们忽略的小事中，却渗透着"节省每一个铜板为着战争和革命事业，为着我们的经济建设"的高尚品德。

这些俭朴的事情，绝不是什么生活小节，而是周总理精粹的思想修养和生活作风的写照。从这里思索开去，我们可以透过周总理俭朴的物质生活，窥见他丰富、高尚的精神生活。因为，当他把自己置身于为大多数人谋利益的事业的时候，当他把自己融于群众之中，和人民群众同甘苦、共患难的时候，他就不论在任何情况下都能保持纯洁健康的生活作风，做到克勤克俭，艰苦朴素。

古人说："俭以养德。"俭朴生活可以培养革命品质，可以增强人们在艰苦环境下的适应能力和战斗意志。方志敏在就义前写的《清贫》，最后有这样一句话："清贫，洁白朴素的生活，正是我们革命者能够战胜许多困难的地方！"不能设想，一个奢侈腐化的人，一个沉湎于安逸享受的人，能够成为一个兢兢业业工作的革命战士。现实生活中不是常常见到这种现象吗？一个人所以弄到政治上堕落的地步，往往是从过分地追求物质享受开始的。所以，鲁迅先生说："生活，决不能常常往安逸方面着想……生活太安逸了，工作就被生活所累了。"

我们在日常生活中，在对待生活待遇和物质享受问题时，应该以周总理为榜样，处处克勤克俭，严格要求自己，切实重视从日常生活中培植共产主义美德。

第六章

谦虚谨慎　永不自满

两件平常事

一天，落日的余晖褪尽，夜色渐渐浓重起来，碧澄澄的天空中，满缀宝石般的繁星，一闪一闪，汇成奇妙的星的礼花。周总理放下手中的笔，离开办公桌，匆匆吃罢晚餐，踏着柔软、淡雅的月色星光，走进中南海理发室。理发师笑脸相迎，安排周总理在沙发上就座。旋即，热情地说：

"总理，请您先理。"

周总理摆摆手："为什么要让我先理呢？大家都一样嘛。"

理发师直来直去地回应："因为我觉得总理特别不容易，您日理万机，为国家大事那么忙，先理有什么不应该啊！"

"应该，应该！"坐在一旁等候的两位先生道："总理就那么一点空闲时间，还是先理吧。"

周总理再次摆摆手："谢谢你们，天下最宝贵的莫如时间，时间对任何人都是珍贵的，应该按次序。"

理发师无奈，只好按照周总理说的办。

有一次，周总理在宾馆同外宾会谈结束，把外宾送走后，提出来要和参加服务工作的同志们一起照相。

饭店的中餐厨师张荣林和厨师们都很高兴，不论老少，一个个喜气洋洋，年纪大点的松开皱纹脸，一股劲儿地笑呀笑，年青小伙子随着师傅们的微笑，眸子变得那么明亮，他们早早站好等候周总理，并且给周总理留下了中间的位置。张荣林师傅注意到，周总理笑吟吟地走过来就站在边上，便连忙说："总理，请您到中间来，大家早已给您留好了。"

周总理一听,微笑着说:"为什么一定要我站在中间呢?边上也可以嘛!"说着,他伸出双手,仔细地理了理衣服,然后,眼睛里饱含着热情和笑意,等候着厨师们站好位置,自己站在边上和大家一起照了相。1976年1月8日,周总理逝世了,当这个令人难以置信的噩耗传来,张荣林师傅垂泪的双眼久久地凝视着那张捧在手中的珍贵照片,只是长久地、无话地看着,看着……

〔评〕两桩细事一种美德

这里讲的两桩细事,是非常令人值得深思细想的。

一桩是讲周总理排队理发,人家让他先理,他却不愿优先,坚持按次序来的动人情景。

一桩是讲周总理同饭店厨师合影,同志们给他留下了中间的位置,他却高兴地站在边上的生活片断。

两桩细事虽然不是发生在同一时间、同一地点,但都表现了周总理保持朴素谦逊的美德。由于每桩事都十分具体,十分动人,因而给人留下了深刻印象,使人感到格外亲切,格外激动。

两桩事确实很细,但正如人们常说的:"于细微处见精神。"这两桩细事,不正是周总理朴素谦逊美德的写照吗?周总理朴素谦逊的故事,不胜枚举,但透过这两桩事,一个伟大而平凡,朴实而谦逊的光辉形象,便清晰地浮现在我们的眼前,使人久久不能忘怀。

毛主席曾说,夺取全国胜利以后,"务必使同志们继续地保持谦虚、谨慎、不骄、不躁的作风,务必使同志们继续地

第六章　谦虚谨慎　永不自满

保持艰苦奋斗的作风"。在今天,这两个"务必"显得尤其重要。我们应当学习周总理明礼仁爱、谦虚谨慎、不骄不躁的崇高品德。因为只有自上而下都能仁爱遵礼,人与人之间才能有亲善关系,社会才能和谐,人民才能安居乐业。

不能"一人得道，鸡犬升天"

邓颖超祖籍河南光山，1904年2月4日出生于广西南宁，15岁时成为天津女界爱国同志会中年龄最小的会员，并担任爱国同志会的演讲队长。她是个集慷慨激昂、浩然正气于一身的女青年。新中国成立后，有一次说起往事，越谈越兴奋的周总理情不自禁地回忆起对邓颖超的第一印象："1919年初夏，有一次在天津集会，最先站出来演讲的，是一个两只眼睛很引人注目的女孩子。"这双豁亮、坚毅的眼睛，使他难以忘怀。伴随着这豁亮的目光而吐出洪亮声音、浩然正气以及真诚的爱国之情，也同时在他心底留下了不可磨灭的印象。6年后，即1925年8月8日，周恩来和邓颖超在中共广东区委所在地的一间极简朴的小房子里，结成了"愿为双飞鸟，比翼共翱翔"的革命伴侣，两人伉俪情深、相濡以沫，被国人传为佳话。

才女邓颖超，青少年时代就信仰马克思主义，追随共产党干革命，不仅有着深厚资历，而且在革命过程中有着突出贡献。可是新中国成立后，邓颖超并没有担任政府要职，是没有机会吗？是没有人推荐吗？当然不是！

新中国刚刚诞生时，在确定政务院各部门领导人选时，不止一人提请让邓颖超在政府里担任部长职务。但谁也没有料到，这些推荐一次又一次到了周总理那里，他总是摇摇头，平时总是那么和善的面孔变得十分严峻，语调也相当坚定："你们的愿望是好的，不过也请你们理解，我是政府总理，如果邓颖超是政府里的一个部长，那么我这个总理和她那个部长就分不清了。人家会把她做的事当成是我支持的。这样，家庭关系、夫妻关系、政治关系、政府关系就混在一起去了，这不利于我们党的事业，也不利于我的工作。"

听着这番话，望着周总理那严肃、认真的面孔，那些推荐的人只得作罢，但想起邓颖超的人品和才干，总不禁觉得有些可惜了。

这件事不知怎么传到了邓颖超那里。邓颖超说："其实，恩来是对的。不只是对妻子，对其他亲属、晚辈们也都如此，要求他们在任何场合都不要暴露出与他的关系，更不能利用他的关系。"

事实确实如此。周总理身边的工作人员都知道，他那个聪慧懂事的侄女周秉德，一直在他身边生活了15年，大学毕业后在北京一所学校教书，但却没料到当老师才3个月，就被调到朝阳区去担当"肃反"工作。周总理得知此事后感到气恼，旋即把侄女叫到跟前，指着侄女的鼻子尖大声质问："你怎么不当老师了？调到区委是不是因为我的关系给你特殊照顾？"周秉德趁伯父不再紧接的责问，把那个伯父惯用的茶杯直接端到他的手上说："伯父，喝茶吧！"说着，又趁伯父气渐消的瞬间忙解释道："不是组织上给我特殊照顾，人家都不知道我是谁，是为了开展'肃反'工作，上级临时抽调一些党员到区委工作的，我们学校的党员就那么几个。"

顿时，周总理的愠怒全消了。他语重心长地对侄女说："我们是共产党，不能搞像封建社会那样的裙带关系，不能'一人得道，鸡犬升天'。"说着，他突然伸出右手，抚慰似的摸着侄女的头，细声细语道："没事了，你去忙吧，车骑得慢点。"

不知怎的，周秉德瞬间流泪了，大滴大滴的泪珠打湿了衣襟。她突然觉得,伯父比亲生父亲还疼爱自己!

[评]"其身正,不令而行"

"我们是共产党,不能搞像封建社会那样的裙带关系",不能"一人得道,鸡犬升天"。周总理这句掷地有声的话,说出了共产党政权的本质特征。

这是因为,共产党政权不以亲友的私情而废除"任人唯贤"的政策,也不以私怨而不给予贤德之人以提升重用的机会。如果违反了这一点,就会失去百姓的拥护和信任。

《论语·子路》里有这样一句至理名言:"其身正,不令而行;其身不正,虽令不从。"其大意是说,为政者如果自身品行端正,即使不发号施令,各项政事也能行得通;如果自身品行不端,即使发号施令,人们也不会听从。由此推之,只要上面做得正、行得端,以身作则,下面政治风气、社会风气就自然良好。在井冈山、延安直至新中国成立后相当长一段时期,毛泽东、周恩来等老一辈革命家都秉持"若安百姓,必须先正其身"的信念,在治理国家直至用人方面,都出于公心,所以上下一心,政通令行,社会稳定,人民安居乐业。

身正,是古人推崇的一种人格修养,更是共产党人以人为本的执政之道。对于治国理政者来说,只有身正,才能为政清明,廉洁奉公,政通人和,国事兴旺,百姓安乐。对于平头百姓来说,只有身正,才能善待父母,善待亲友,善待社会……

归根到底,"其身正,不令而行",确确实实是亘古不变的人生哲理。从政者也好,平民百姓也罢,都应相信和遵循这个为人处世之道。印度著名诗人泰戈尔说:"在人生的道路上，所有的人并不站在同一个场所。有的在山前，有的在海边，有的在平原边上，但是没有一个人能够站着不动，所有人都得朝前走。"走向何方？路有许多条，但重要的一条应该是朝着身正的方向走去！

《不能"一人得道，鸡犬升天"》这个故事虽小，但给人们的启迪却很丰富。青少年朋友们，你们觉得如何呢？

难忘的缘

朱殿华师傅在北京饭店的理发室工作，他给周总理理发长达20多年。一般情况下，都是周总理直接来北京饭店找他理发。有时周总理工作太忙，实在挤不出时间，就让工作人员请朱师傅到中南海西花厅去。每次去，周总理总是和蔼可亲地说：老朱，又让你跑一趟，该耽误你的工作了。理完发，少不了要说声"谢谢"。这种以礼待人、以亲善待人的话语，感动得朱师傅常常在梦中都觉得如蜜在心，甜丝丝的。

朱师傅记得，有一次，他去周总理家理发，顺便给周总理刮刮脸。当剃刀触到周总理的脸上，朱师傅不免有这样的念头：小心，小心，再小心。很幸运的，他给周总理理发多年，从未出过什么差错，但没想到，这次给周总理刮脸快结束时，周总理突然咳嗽一声，剃刀锋利无比，刮了个小口子，血也渗出来了。朱师傅心里很不安，甚至有些紧张，很后悔，后悔没有等周总理咳嗽罢再动刮胡刀。他低头抚弄衣角，慌乱与愧疚中，一边赶紧说："我工作没做好，真对不起总理。"一边默默地等待，等待周总理的严厉批评。谁知，周总理微笑着，如同什么事没有发生一样，轻描淡写地说：怎么能怪你呢！怪我咳嗽没和你打招呼，还亏你刀子躲得快，只刮破一点皮，没关系的。朱师傅等待的严厉批评，原来是春日里暖暖的轻风温柔地拂过心田。周总理刮完了脸，又热情地留朱师傅吃了饭。

时光如梭。转眼间到了1976年1月8日，周总理与世长辞的噩耗传来，北京饭店的员工们忽然一阵阵心酸，一串串的眼泪从他们的脸上流下来。领导叫朱师傅去医院给周总理理发、刮脸。朱师傅流着悲痛的泪水来到周总理遗体前。他望着周总理曾经豁亮、慈祥的眼睛闭上了,头发和胡子长得很长了,真是无法用语言文字来描述他的心情。沮丧、悲哀、痛愧……千头万绪像载着雷声唤来的春水,无休止地向他涌来。昔日的希望已成泡影:20多年来看惯了的慈祥的笑容看不到了,20多年来听惯了的"老朱"的亲切招呼声也听不到了。原想在1976年元旦前夕给周总理理发迎新春,没有想到冬尽了,春来了,而周总理,却永远地离开了这个世界。于是,这一切,都深埋在朱师傅心的一隅,成为不可触摸的隐痛。只要一想起敬爱的周总理,记忆和思念便好像流不完的水、扯不断的线缓缓地爬出心海……

总是奢望给周总理理发的日子,总是喜欢周总理亲切地叫一声"老朱"的招呼,总是企盼默默地问一声:总理,您好!如今,这些愿望常常在朱师傅的梦里飘然而至,他心里只有四个字:难忘的缘!

〔评〕"敬人者,人恒敬之"

孟子曰:"敬人者,人恒敬之。"意思是尊敬别人的人,别人也会尊敬他。周总理就是这方面的典范。就拿朱师傅给周总理理发这件事来说吧:每次去,周总理总是以礼相待,态度热情,说话和蔼、亲切。有一次,朱师傅来西花厅为周总理理发,在给周总理刮脸时,不小心刮了个小口子,朱师傅心里十分紧张,等待着周总理严厉的批评,心想让周总理训斥一顿才好呢。可是,周总理却笑容可掬地说:怎么能怪你呢!怪我咳嗽没和你打招呼，还幸亏你刀子躲得快。周总理刮完脸，又亲切地留朱师傅吃了饭。周总理对朱师傅尊重有礼，而他也赢得了朱师傅发自内心的敬重。

　　周总理讲文明、讲礼貌的优良品格启迪我们：我国是人民民主专政的社会主义国家，在这个大家庭里，人们的根本利益是一致的。我们每一个人都应该文明相待，都应该真诚地互相尊重、互相爱护、互相谦让。这样，我们的社会才会更加和谐美好，人与人之间的关系才会更加亲善和仁爱。

两个细节的故事

1972年4月5日下午,一道闪电照亮了云霾遮蔽着的南京上空。刹那间,蒙蒙细雨从天上落下。周总理在南京送外宾去机场的车,因雨路滑放慢了速度。雨,起初下得很稀,不久,雨势渐渐地大了。在离机场还有一百多米的地方,周总理就下了车。这时,滴沥滴沥的雨不停地落下来,随从的工作人员赶忙撑开伞,给他打上,他轻言细语地说:"不要给我打伞了,快放下吧。"

但是放下伞,雨依然在起劲地下着,雨点落在周总理的头上,沿着他的脸庞不停地滴下,脸上积着雨水,他也不去揩拭。工作人员看在眼里,疼在心上,不由劝道:"总理,您年大体弱,不能这样淋着,保重身体要紧……"周总理打断工作人员的话茬,指着一大片欢送的人群说:"你看,几千人都在雨里站着,淋着,我就不能淋了吗?我应该和大家一样,一点也不能特殊!"说着,他顶着风,冒着雨,雨点飘在脸上,脚踏在雨水里,他全然不顾,只顾大步走着,跟欢送的群众握手交流,挥手致意。

有一天,周总理乘机去某地巡视、调研。飞机的马达轰鸣着,很快就到了目的地上空。飞机在空中漂亮地盘旋一周,稳稳地着陆了。这时,周总理和机组人员一一挥手告别,此刻机械师邝祖炳正蹲在地上检修,无法与周总理握手。按常理,周总理可以就此离去,谁也不会计较什么。但周总理却站在邝祖炳身后,不声不响地等着,直到邝祖炳工作结束转过身来,才热情地轻轻握住他的手，笑了笑："你辛苦了，谢谢！"

邝祖炳凝视着周总理的笑脸，怎么也制止不了感情的激荡，他紧紧拉住周总理的手，激动地说："对不起，总理，我不知道您在等我。"

周总理报以亲切的笑意："噢，我没有影响你的工作吧？"

邝祖炳答道："没有，没有。"他不好意思地回应着，并默默地把和周总理的这次握手铭记在了心里。

[评]"连心总理"

在南京飞机场，面对着淅淅沥沥的雨，周总理宁愿挨淋，也不让工作人员给撑伞，原因是几千人都在淋雨……

在一次视察工作中，飞机着陆后，周总理悄悄地站在飞机旁，等候着正蹲在地上工作的机械师邝祖炳，为的是要同他握手告别……

周总理的伟大，正是在于他时刻想着人民，时刻惦记着他所热爱的群众。他像爱护自己的父母兄弟那样，真诚地爱护自己周围的同志。即使在最特殊的情况下，他也要和人民群众站在一起，淋在一处，甚至宁可自己多受点累，也要让群众从他身上感到春风扑面，暖意盈怀。有一位诗人曾经给予周总理一个十分贴切的称号——"连心总理"。这个称号对周总理来说，确实是最恰当不过的。因为他那颗热扑扑的心，真真切切地连着人民的心啊！

"在支部里是党员，不是总理"

来自周总理身边工作人员的心里话：

我们是总理身边工作的秘书、警卫员、服务员、炊事员、驾驶员，大家都异口同声：总理只是亿万中国人民当中的一员，但是，他留给我们的，分明是人民大众中的一个杰出的楷模形象。

这里，别的姑且不谈，只说说我们与总理同在一个党支部的事儿吧。按常理，在党的组织生活中，无论职位高低，一律称呼同志，早已习以为常。从常理上讲，我们并不是没有与周总理在支部里以"同志"相称的渴望。因为，在我们的心目中，总理，早已不是一般的称谓，而是倾注着一种无限热爱、无限深情的尊称。要我们直呼"恩来同志"，感情上是难以通过的。因此，在党的组织生活中，我们仍然乐于称呼他"总理"。总理听了，总是恳切地、和颜悦色地对我们说："请同志们注意，我在党支部里是一名党员，不是总理，你们不要叫我总理，就叫恩来同志。"

多少年来我们朝夕工作在总理身边，年年月月，我们心中的秘密连同坦诚的话语，会那么自然地缓缓滑出我们的嗓门，那就是"总理"，"周总理"，尽管总理总是那么恳切，要我们在支部里叫他"恩来同志"，但我们也许只能仅报以崇敬的微笑。这么说，没有什么别的原因，只是因为在我们的心坎里，周总理作为人民的好总理的光辉形象，实在是不可磨灭啊！

新中国成立后的20多个春秋，在党支部里，周总理处处严以律己，自觉做到心存敬畏，手握戒尺，慎独慎微，勤于自省，遵守党的纪律，执行党的政策，关心支部建设。即使在病危期间，总理也是严格要求自己，相信党组织，忠于党组织。有一天，一名支部委员来到医院看望总理。总理从昏睡中完完全全清醒过来，用无神的眸子望着她，声音虽然纤弱但是那样清晰："懂得生命规律的人对死无所畏惧，我把后事交给党支部。"这个支委听了这样的话，不由鼻子酸溜溜的，但是又不忍心让总理看出她心里那被刀割似的难过，就尽力抑制住泪水，反复劝总理别说那些话。我们敬爱的周总理，对党组织是何等信任、何等忠实啊！

〔评〕关于称呼

按说，朝夕工作在周总理身边的同志，在任何场合称呼他"总理"，并非不可以。但在党的组织生活中，硬是被周总理卡住了。这种卡，也正是周总理保持着普通党员朴素本色的佐证。

"我在支部里是一名党员，不是总理，你们不要叫我总理，就叫恩来同志。"这是周总理发自肺腑的话语，也是一位伟大的共产主义战士亲切感人的心声。从这里，我们看到了老一辈无产阶级革命家的可尊、可贵之处。在党内，周总理从不以党和国家领导人的身份出现，更不以党和国家领导人的身份讲话。在他的心目中，自己只是一名普普通通的党员。缴纳党费，他以普通党员的名义；发表意见，他仍以普通党员的名义；开展批评与自我批评，他还是以普通党员的名义。可以说，周总理把自己看成是一名普通党员的高尚品质，就在

第六章　谦虚谨慎　永不自满

这里。

在党的组织生活中，是以领导者自居，还是以普通党员的身份出现，是检验一个党员思想品德的一面镜子。从马克思、恩格斯发表《共产党宣言》到现在，已经过去了170多年。从中国共产党诞生之日算起，也已经有100年了。在这个漫长的岁月中，我们党历来主张在党内一律互称同志。远的不说，党的十一届三中全会的公报就明确宣布："全会重申了毛泽东同志的一贯主张，党内一律互称同志，不要叫官衔。"可是，时至今日，在一些领导同志的心目中，依然乐于接受人家称呼某某厅长，某某局长，而不愿听人家叫某某同志。岂不知，这种做法，是完全违背我们党定下的规矩的，也是不利于团结同志、做好工作的。这些领导同志不懂得，在自己至尊至贵的同时，也就在自己和大多数党员之间挖下了一条界沟。

"朴素谦逊，党之所期。"每一个共产党员，不论职位高低，权力大小，都应该学习周总理在党内谢绝叫他"总理"，乐于听称呼"同志"的好品德，自觉地做一个普普通通的党员。

"在这里都是普通劳动者"

1958年6月间的北京，虽然还不是炎暑逼人，但即使在树荫底下也很闷热。在这月15日，周总理带领300多名干部，来到了十三陵水库工地参加义务劳动。周总理一到工地，就主动请求工地负责人分配任务。可是，这位负责人却不敢这样做。因为瞬间一个闪念涌上心头：周总理是中央领导，他与自己的关系是领导与被领导的关系，哪有下级给上级分配任务的道理呀！于是他迟疑地说："我们欢迎首长……"周总理摆摆手，和蔼可亲地说："这里没有首长，没有总理、部长、司局长的职务，在这里都是普通劳动者。"

在工地上，周总理开襟解怀，弯下腰，双手推着满载石料的独轮车，顺着那不到三尺宽的小道，脚步矫健，走得又快又稳。走着走着，那背上渗出的汗水，浸湿了衣衫；那额头上的汗珠，流过他的面颊，从颈脖直流下去。当时，有的工人看到周总理推车的时候，右臂总是伸不直，显得格外吃力。原来，周总理在战争年代受过伤，留下残疾。但他根本不把它放在心上，搬料、运料、装筐、推车，样样都要干一干，样样都干得很卖力。尤其是推独轮车，他把车绳斜挂在胸前，双手紧握着车把，弯着腰板，迈开大步，拉着满满一车石头直奔前方，汗如雨下，也顾不得用毛巾揩一下。

周总理总是处处严格要求自己，不仅在工地上以普通劳动者的身份干活，而且收工后同样以普通劳动者的面貌与工人们生活在一起。在工地上，周总理住的是一间十来平方米的简陋小屋，睡的是铺着旧布被褥的硬铺板床，吃的是和大家相同的大锅饭菜。和大家唯一不同的是，每当夜晚来临，辛苦一天的工人们都休息了，而总理那间小屋里却亮起了不熄的灯光。

〔评〕"特殊"寓于"普通"之中

　　斯大林曾说过一句话："共产党员是特殊材料制成的人。"周总理就是一名特殊材料制成的共产党员。他在革命战争年代，南征北战，功勋卓著，在战争年代胳膊负过伤。新中国成立后，他一直是党和国家的领导人，按照一般人的看法，他完全可以不必参加繁重的体力劳动。但是，他不！他年过六旬，身体又不算好，按说即使参加体力劳动，顶多也只能拣点轻活干干。但是，他不！按说，总理到工地参加体力劳动，总得对他有点儿特殊照顾，住的，吃的，都应该好一点。但是，他不！住的是和大家一样的简陋小屋，吃的是和大家一样的饭菜……周总理之所以这样做，有一条最有说服力的理由："在这里都是普通劳动者。"

　　普通劳动者问题，实质上是与"特殊材料"相关联的。把自己置于普通劳动群众之中，才能不忘保持"特殊材料"的本色。如果光在自己的"身价"上打转转，忘记了自己既是一名光荣的共产党员，又是一个普通劳动者，那就必然会脱离群众，群众或是惧而远之，或是敬而远之。到那时，如果还不猛醒，幡然悔改，真正的"特殊材料"就会变质，"特殊材料制成的人"的荣誉也就失去了。

　　我们要学习周总理，在实现中华民族伟大复兴中国梦的征途上，永远牢记自己是个普通劳动者。

细节之歌

生活中,平常的小事儿,如握握手,谈谈话,道道谢,也能带给人无言的赞叹和折服。不信吗?请看看如下几个细节:

1970年秋,江南的广州,草木凋谢慢,依然是佳木葱茏,百花芬芳。9月的一天,周总理到广州交易会视察,有一位服务员,或许是由于工作不慎,或许是由于看到周总理心情激动,把几滴茶水滴到总理手上。瞬间,她如同"草拂之而色变,水遭之而叶脱",显得很紧张,脸色陡地发白了。可不是吗?茶水有些烫手啊!周总理向她望去,旋即笑着说:"不要紧,你不要太紧张嘛!"

周总理的笑容带着纯真的安慰,那位服务员感动得说不出话。

无论是在这次视察期间,还是平时在地方办事,周总理乘电梯上下楼,总是主动地和开电梯的服务员握手、交谈,离开时还向他们道谢,就像对待朋友一样,以礼相待。周总理离开后,许多开电梯的服务员常常站在电梯门口,回忆着,品味着,分享着自己与周总理短暂相处的幸福。

如果说周总理对开电梯的服务员以礼相待,曾经感动过许多普通人,那么北京饭店的职工所经历的真实细节,又将会以怎样的情缘给人们以人情的美丽呢?周总理在北京饭店举办宴会和招待国际友人时,看到工作人员给他开门时,就会说:"我也有两只手,怎么能叫你们代劳呢?以后再这样,我就不敢来了。"虽然只是一句句平常话,但却是一首首为那些服务人员表达谦恭有礼的歌。

许多普通劳动者与周总理凝成的无数美好瞬间,将永远铭记在他们的记忆之中。周总理身边的一位工作人员曾回忆说:"有一次,周总理从沈阳回北京,在机场上和送行的领导一一握手,然后登上舷梯。这时,忽然发现送行的人群中,又来了一位女同志。这是一名普通服务人员,周总理并不认识。可是,周总理马上走下舷梯,和她握握手,才又上了飞机。"

与周总理相处,哪怕是一瞬间,都是快乐的。不论何时忆起它,都感到那份情缘特别迷人,味儿浓浓!

〔评〕愿朴实、平凡、谦逊之风劲吹

读完《细节之歌》这个故事,周总理朴实而谦逊的光辉形象,倏地在心间闪亮。

他向开电梯的服务员道谢,他不让服务员代劳开门,他同服务员一起促膝谈心,他在机场上和送别的普通工作人员一一握手后才登上舷梯……这一切,都显得那么朴实,那么平凡,那么谦逊!

我们每个人,都是社会的有机组成部分,你需要我以平等的、谦逊的态度对待你,我同样需要你以平等的、谦逊的态度对待我。可见,以朴实、平凡、谦逊的姿态待人确实是人人之所求,也是自己之所需,因而是万万少不得的。

进而言之,人们真诚相待,互尊互爱,谦恭有礼,又是营造良好社会风气、建设社会主义精神文明所不容忽视的方面。一个情趣高尚、彬彬有礼的人,对社会风气会带来良好的影响,反之,一个情趣低下、傲慢无礼的人,必然影响着我们的社会风气。可见，倡导谦恭有礼，即倡导人与人之间的亲善关系，对维护社会秩序，调节人际关系，乃至促进社会稳定，都是必不可少的。

愿朴实、平凡、谦逊之风劲吹！

在记者赶拍镜头的时候

1956年,序属三秋,一个朝霞满天的日子,天空是潭水一般地澄清。蓝天白云下,秋风徐徐中,周总理随同伟大领袖毛主席来到北京西郊机场,迎接一位外国元首。不一会儿,隐隐传来专机引擎的嗡嗡声。专机慢慢降落在地上,在徐徐地滑行。当那位外国元首满面笑容地走下舷梯,毛主席迎上前,紧紧握住贵宾的手。这时,一百多名中外摄影记者一个紧跟一个,你拥我挤地拥上前去。我国新华社的一名摄影记者,为了赶拍这珍贵的历史镜头,急急忙忙地从一位领导的后肩上伸出了长镜头,正好不偏不斜地压在肩膀上。这位领导不动声色地站在那儿,一动不动地挺立着、挺立着,足有六七秒钟。那位记者"咔嚓咔嚓"地拍完镜头,这位领导才回过头来,两眼露着一丝微笑,不带一星半点的怨气,只是望了他一眼,含笑欲走。

"啊,是总理!"这位记者大惊失色,脸陡地苍白了,心里很觉得不安。一时间,竟不知如何表达歉意,周总理却一边亲切地向他点点头,一边用轻松的声调说:"同志,没关系,你也是为了拍好毛主席的光辉形象嘛!"

周总理简洁的一句话,好像一股暖流浇注着那位记者的心田,他不由地眼眶湿润,半天说不出话来。

[评] 一滴水的光辉

人们都知道，关于周总理高尚品德的事，多得犹如江河的源头，取之不尽，用之不竭。这里只是取了其中富有典型意义的一滴。正像一滴水也能映出太阳的光辉一样，人们从周总理为记者支撑相机镜头这"一滴水"中，不仅能品味到周总理与普通记者之间完全平等的新型关系，而且可以看到周总理尊重和支持记者工作的高尚的精神风貌。作为党和国家领导人的周总理的光辉形象，从这"一滴水"中可以清晰地显示出来。

由此使人联想到契诃夫的小说《一个官员的死》。故事讲的是一个挺好的庶务官，他在戏院看戏时意外地打了个喷嚏，把唾沫星子喷在一位将军的秃顶上了。这件意外之事非同小可，那个庶务官由吓到惊，由惊到惧，回到家里，没有脱掉制服，往长沙发上一躺，就此……死了。一星半点唾沫星子，竟要了一条人命，这种社会，这种人与人之间的关系，居然到了如此残酷的程度。

事情又回到《在记者赶拍镜头的时候》上来。一个摄影记者为了赶拍珍贵的历史镜头，竟把长镜头从周总理肩上伸了出去。这样做，岂不是对周总理的不尊、不敬吗？要是在契诃夫那个时代，那个社会，不白白送掉一条人命才怪哩！今天，我们是社会主义国家，我们的周总理是社会主义国家的总理，是人民的总理，他不仅不怒、不斥，还对那位摄影记者微微一笑。这笑意，不也同样是一滴水吗？

一滴水的光辉可以构筑一座精神的桥梁，让人们通向宽厚仁爱。如果自下而上都能做到宽厚仁爱，社会就能稳定，人民就能安居乐业。这便是一滴水的光辉的现实意义所在。

第七章

和以众处　与人为善

忠贞的友谊

1967年1月25日，夜已经很深了，但周总理仍在灯光下，聚精会神地审阅着文件。窗外的西北风一阵阵地呼啸着，树枝不住地摇摆，发出呼啦呼啦的声响。这些声音对周总理似乎没什么干扰，还能缓缓地引发他的思潮，催他继续往下写。

就在周总理挥笔疾书时，他的秘书突然进来报告说："总理，朱老总的家被炒了！"

"什么？什么？"周总理惊异地瞪大了眼睛，急切地问道："什么时候发生的事？"

"就在今天晚上。"秘书急忙回答道。

很快，在周总理的直接干预下，被林彪、江青一伙挑动起来的群众情绪有所缓和，冲击朱老总的那股浪潮也随之平息下来。

然而，当时的现实是残酷的。

"批朱联络站"不听周总理的劝告，他们在林彪、江青一伙的支持下，准备于1967年2月10日在北京工人体育馆召开万人"批朱大会"，并扬言把朱德拉到现场批斗。2月9日，开大会的海报张贴出去了。周总理得知此事，心里十分不安。朱老总已年过八十，身体又不佳，如果让那些造反派拉到现场去批斗，喷气式一坐，那怎么受得住？弄不好还会出大事，那又怎么向毛主席交代？周总理反复斟酌后来到毛主席住处，面见毛主席。他神情不安地指着造反派的一张小字报说："主席，这份东西诽谤朱老总是'黑司令'，还扬言要把他拉到现场去批斗……"

听到这里，毛主席的脸色陡地变了。他打断周总理的话，十分郑重地说："这很不好。我早就讲过，朱德是红司令，红司令。"他还幽默地说："朱毛朱毛，朱在先嘛。朱德和毛泽东是分不开的嘛。"

几句诙谐、风趣的话，使周总理忍不住笑了起来。他望着面前的毛主席道："有主席今天这番话，事情就好办了。"

当天，周总理对要揪朱老总的造反派说："朱老总是我们党、国家和军队久经考验的领导人之一，毛主席说他是红司令，并重复说他是红司令，红司令。"既然如此，造反派自然不敢贸然去惊扰朱德。

就这样，"批朱大会"在周总理的干预下破产了。被林彪、江青一伙挑动起来的群众情绪也一度缓解下来。但林彪、江青一伙并不甘心。"批朱大会"不让开了，他们就在党的正式会议上对朱老总进行恶毒的攻击。

这位一生跟随着毛泽东干革命的共和国元帅，曾十分坦然地对家人说："由他们造谣去吧。毛主席、恩来最了解我，只要他们在，事情总会搞清楚的。""我同恩来相处四十多年，他是我们党内最能掌握和运用毛主席思想策略的，他一定会站在真理和正义一边，同那些搞阴谋的人进行针锋相对的斗争。"朱老总对毛主席的无限信任，对周总理的高度信赖，都凝聚在这简短的几句话里。

朱老总这样说是很自然的事情。因为他相信他与周总理忠贞的友谊，是长期并肩作战的战友之情，是经过严酷考验的患难之交。这种友谊存在他们之间，已经40多个春秋了，就好像大海中长明的灯塔一样，永远不会被陡然而起的暴风吹灭。

铁一般的事实，给朱德的判断作了注释。

1969年3月，中国共产党第九次全国代表大会前夕，林彪、江青一伙进一步加紧对朱老总进行迫害，他们丧心病狂地罗织罪名，阴谋采取卑鄙手段揪斗朱老总。周总理闻讯后以威严的口气对造反派头头说："毛主席一再说朱德同志是红司令，怎么会是三反分子呢！到底有什么证据这样说？这不明明是怀疑一切、冤枉好人吗？如果你们要开他的批斗会，我就出席作陪。"周总理再次拿出毛主席的"令箭"，坚决制止了他们的反革命阴谋活动。可他们仍不死心，在九大之初，他们串通一气企图不让朱老总进中共中央委员会，随后又阴谋策划不选朱老总进政治局。在周总理的建议下，毛主席坚持把朱老总选进了政治局，又一次挫败了他们的罪恶行径。

1976年1月8日，周总理溘然长逝。消息传来，90岁高龄的朱老总老泪纵横，泪珠像断了线的珠子，扑簌簌地滚过他的面颊，叫人看了，不禁黯然神伤，凄然泪下……朱老总含着泪对康克清说："恩来一生的追求，一生的奋斗，都是为了祖国的繁荣和富强，为了人民的自由和幸福，为了最终实现人类最壮丽的共产主义事业。为国为民的忘我精神显示了他的伟大。"这几句掷地有声的话，抒发了朱老总对周总理的真情实感，不仅仅表达了风雨同舟的老战友之间的感情，也表达了一种对共同信念的执着。由此不难想象，两个人数十年如一日同生死共患难的情谊是何等深厚！这种深情厚谊曾给革命事业带来助益，给人民战争带来胜利。如今，他们相继作古了，但他们在风风雨雨中凝结成的始终不渝的友情，早已成为历史的佳话，后人的楷模。

〔评〕为了共同的目标

1922年10月，朱德不远万里来到柏林，找到了旅欧支部的负责人周恩来。就在这个时刻，两双未来扭转乾坤的巨手，紧紧地紧紧地握在一起了！从此，朱德和周恩来开始了一段长达半个多世纪的深厚情谊，他们的手，在漫长的革命征程中，总是握得那么紧，那么热烈，那么深情，从来没有松开过。南昌起义，他们并肩作战；长征路上，他们携手并进；延安时期，他们配合默契……

是的，在中国共产党领导人民群众奋斗的历史上，只要是注意研读朱德和周恩来的一生，人们就会很自然地联想到那两双紧紧握在一起的手，永远辉映在祖国的大地上。

写到这里，使人不禁想起欧阳修《朋党论》中的一句话："君子与君子以同道为朋"。两个人只要"同道"，是可以建立持久的友谊的。正是由于朱德和周恩来怀着共同的理想和信念，他们才能一见如故，并建立了牢不可破的革命情谊。此后，在数十年的峥嵘岁月里，他们互相关心，互相支持，同心同德地为中国人民的解放事业，做出了不可磨灭的巨大贡献。

这样深厚的革命情谊，当然不是偶发的冲动，而是受其信仰、人生观所支配。周恩来和朱德的友谊之所以坚贞，归根到底就在于他们的人生信仰和理想追求高度一致。《坚贞的友谊》给予我们的启示和教益也正是在这里。

一碗青稞炒面

　　1935年8月中旬，天像下了火一样炽热，空气也像冒着热气似的，吸一口连鼻腔都是热烘烘的。这时节，长征的中央红军分左、右两路，分别从毛儿盖、卓克基出发，进入了荒凉的草地。环顾四周，纵横数百里的茫茫草地，没有人烟，不见鸟兽，只有一眼望不尽的水草。草丛上面积着雾，灰蒙蒙的，不仅把蓝天白云都遮盖住，而且把高处的矮树也笼罩起来，像是挂上了朦朦胧胧的黑帘。水草底下，河沟交错，淤黑的积水，到处泛滥，散发出腐臭的气息，污染的空气吸入鼻孔，使人感到一股说不出的怪味。草多是浸在水中，形成泥泞沼泽地，踩在上面，软绵绵的，发出"嚓嚓"的响声，一不小心，就会陷进泥潭，越陷越深，甚至把人吞没。

　　进入草地不几天，部队带的粮食所剩无几。在如此荒凉之地，到哪里去找粮食呢？没办法，战士们只好挖野菜和草根充饥。

　　一天午后，周恩来的警卫员吴生开躺在地上，战友唤他，他也不理会；眼睛发钝了，神也衰了！他不再说话，不再笑，简直像个突然得了大病的人了！这究竟为什么呢？

　　周恩来知道了，叫来医生看了看，才晓得是吃了有毒的野菜，中毒了！经医生处理后，周恩来到吴生开身边，轻轻地把他扶起来，和蔼可亲地问："吴生开，好点了吗？"

　　吴生开点了点头，极力用笑容来掩饰身体的不适："周副主席，好点啦。"

"要好好休息。"周恩来又亲切地说:"今后吃野菜,要仔细鉴别。"说着,他解开自己的干粮袋,把里面剩的少许口粮倒在小碗里,递给吴生开道:"这是一点青稞炒面,快吃下去吧。"

吴生开凝视着周副主席那黄黄、瘦瘦的脸,再看看首长那仅有的一点点粮食,怎么也不肯接过饭碗。

周恩来见吴生开执意不肯接受,就在吴生开身旁蹲下来,轻轻地掰开他的手掌,不由分说地把碗放在他的手上,笑容可掬地劝道:"吃吧,吃吧,为了走出草地,为了革命事业,你赶快把它吃下去吧!"

吴生开望着周副主席那恳切的神情,忽然眼睛里泛起泪光,他极力想忍住,但那不听支配的眼泪,还是像断了线的珠子,从瘦削的脸庞静静地滴落下来。

〔评〕"老传统"一释

有一回,有一位年轻人问:"什么是老传统?它是个什么样呢?"这个简单的问题,我思忖有时,竟难以回答得完整。

读了《一碗青稞炒面》,眼前蓦地亮起一盏明灯,心头也就豁然开朗起来:关心同志,爱护同志,这不就是一个老传统嘛!

在平时,一点点青稞炒面,的确算不了什么。可是,在艰苦的长征路上,在每人只剩下几两粮食、几块豆饼的情况下,宁愿自己忍饥挨饿,也要省下点来让给同志,送给战友,这是何等可敬的无私精神,这又是何等可贵的深情厚谊呵!

《一碗青稞炒面》,字里行间,将周恩来与革命战友的关系，与革命同志的感情，都体现得淋漓尽致。在这里，一点青稞炒面，表达了周恩来对同志、对战友海一般的深情。它使人感受到，这岂是一点普通的炒面，掂一掂吧，它的重量比泰山还沉！因为它里面包容着周恩来的体温，汇聚着周恩来的深情。

这样的体温，这样的深情，不只是来自周恩来一个人身上，也来自成千上万的革命同志和革命战友身上。因此，渐渐形成了革命队伍里的一些老传统。关心同志，爱护同志，就是其中之一。

我国民间有句谚语："无私才能助人。"要为别人着想，为大家办点好事，源于无私二字。由此可以联想，一个人只要叫自私让路，同时通过自己的心来探究助人之道，不断追求心灵的善意，就会焕发出与其他人不同的神采，也会体会到给人玫瑰、手有余香的快乐。

"春到人间草木知。"愿老一辈革命家用心血凝成的那种关心同志、爱护同志的老传统，犹如沁人肺腑的春风融融而归！

情深谊厚的毛毯

在人生的旅途中，要经历过许多事情，也会忘记许多事情，但是有些事儿无论经过多少年年月月的磨洗，也不会从脑海里消失。

谈起不会消失的事儿，就不由联想到朋友曾讲述过的一则故事：

那是1931年12月14日，狂风夹着尘埃，无情地掠过脱光了叶子的树，枝条上的枯叶，被风卷着抛上半空，飞舞着旋转，简直把宁都变成了蝴蝶满天飞的城。就在这狂风吼叫、枯叶满天飞的时刻，国民党二十六路军1万余人在董振堂领导下，在江西宁都起义，参加了红军。宁都起义的胜利，使这个小城成了欢乐的海洋，锣鼓声、鞭炮声、口号声如同狂风卷起阵阵海浪。在一片欢呼声中，董振堂前来拜访朱德，随身带来一条崭新的毛毯，哈哈地笑道："朱军长，为庆祝宁都起义胜利，我把这条毛毯送给你，做个纪念吧。"

朱德接过毛毯，也是哈哈地大笑："欢迎你率部起义，参加红军。"

从此，朱德带着这个纪念品，无论是在粉碎国民党的多次"围剿"中，还是在艰苦卓绝的万里长征中，都一直带着它。随后，又带着它来到延河边、宝塔山下的革命圣地延安。年年月月，历经风霜雨雪、千难万险，朱德忍痛丢下了不少东西，唯独舍不得扔掉这条毛毯。

五个春秋后，即1936年12月，震惊中外的西安事变发生了。朱德想到正值隆冬季节，周恩来常常冒着尖利的寒风，浴着纷纷扬扬的大雪，奔波在西安、延安之间，他多么需要御寒的毛毯呀！于是，便欣然把它送给了周恩来。

抗日战争打响，党中央决定，朱德率领八路军奔赴抗日前线，挺进太行山区抗击日寇。周恩来考虑到枪林弹雨、炮火连天、血肉横飞的战场，千难万险难以想象，朱德也很需要挡风御寒之物，便在送别老战友前夕，亲手郑重地把这条珍贵的毛毯回赠朱德。

在雄风旷野、铁马金戈、军旗怒展的太行山上，这条历经战火洗礼的毛毯，铺在太行山区百姓的土炕上，伴随着人民的老英雄朱德一次又一次击退日寇的进攻，直到抗日战争的胜利……

这条珍贵的毛毯，标志着比江河海洋还要深的战友情谊。如今，在中国人民革命军事博物馆里，陈列着这条历经战火洗礼的毛毯，供后人参观、体味。

〔评〕可贵的精神温暖

读罢《情深谊厚的毛毯》，掩卷沉思，周恩来和朱德的形象，矗立在我们心间。

记得有位哲人曾经说过："人类最朴实而善良的向往，莫过于食必饱，衣必暖。"这似乎是指物质而言。人自然离不开物质生活的温暖，这是不言而喻的。然而，人类要生存下去，不仅要有物质温暖，还要有精神温暖。在某种意义上说，精神温暖更是不可缺少的。

在革命战争年代，周恩来、朱德和红军战士一样，过着极为艰苦的生活，他们经常在艰难困苦、衣食不周的情况下运筹帷幄，指挥作战。但在那个时候，尽管物质生活苦得很，但精神上却感到无限的温暖。他们在日常生活中有着真诚的嘘寒问暖，而在危难的关键时刻，更有着热情的照顾和关怀。一条毛毯，送来送去，为的岂止是物质温暖？不，它的意义并不在物质温暖本身，而在于里面包容着无限的精神温暖。

由此联想到在江西中央革命根据地斗争的峥嵘岁月里，红军官兵"从军长到伙夫，除粮食外一律吃5分钱的伙食，还要从中节余些伙食尾子作零用"。指战员们在寒冷冬天，身上只穿两层单衣，床上垫稻草，盖一床线毯。应该说，环境的确是够苦的，但红军将士在艰苦生活中，却充满了革命的乐观主义精神，欢乐地唱着自己编写的歌谣："红米饭，南瓜汤，秋茄子，味好香，餐餐吃得精打光""干稻草来软又黄，金丝被儿盖身上，不怕北风和大雪，暖暖和和入梦乡。"若问这是为何？答案只有一个，那就是因为将士们心中有坚定的信念，有官兵一致，彼此关心，互相体贴的精神温暖。没有这些，要去战胜人间罕见的艰难困苦，那实在是不可想象的事情。

抬担架

　　1947年2月底,蒋介石从南京飞到西安,召集在西安的军政大员,安排进犯延安和陕甘宁边区的军事部署。3月6日,胡宗南指挥17个旅主力向宜川、洛川中部之线急进。周恩来跟随毛主席留在陕北,参与转战陕北的领导工作。

　　8月的一天午后,酷热的天气,真跟下火一般,勇敢、辛劳的担架员陆续从前线把伤员抬下来,他们累得大汗淋漓,可谁也不愿歇息。一个个伤员抬到了临时救护站,毛主席立即指示机关工作人员给伤员裹伤换药,烧水煮饭。这时,正在检查安置伤员的周副主席,忽然看见村口有个伤员躺在一副担架上,急忙走过去,带着浓浓的关爱问道:"同志,你哪儿负伤啦?"

　　"唉,飞在高空的子弹'日日'怪叫,不知怎么就落在我的大腿上。"伤员说,"不怨天,不怨地,只恨敌人的炮火太凶狠了。"

　　"伤得不轻吧?"周恩来蹲下来,轻轻抚摸着伤员的左大腿,疼爱地说:"忍着点,到了医院经过治疗,很快就会好的。"

　　伤员听着周恩来亲切的话语,沉浸在这样有如父母的关爱中,他的心不再难过。但他只感到面熟,却不知道这么关心他的人是谁。

　　周恩来抚慰罢伤员,旋即转过身来,紧盯着担架旁的一位壮年汉子沮丧的脸,不解地问:"你这是怎么啦?"

　　那壮年汉子把脸一仰,手腕轻轻一抬,指着躺在树下的一位农民，吁一口气道："这副担架是我俩抬的，他发着烧，又拉肚子，抬不动了……"

"噢，原来是这样。"周恩来一边轻声自语，一边叫警卫员搀扶着那生病的老乡去医务所，他盯着那位愁容满面的汉子说："你不用发愁了，咱们两个抬着走吧……"

周恩来和那汉子抬起来担架，大步朝前面的村子走去。沿途地势高低不平，弹坑土坡一个接一个。太阳喷火，炎暑逼人，山坡土路滚烫，脚踏下去，连脚板心都是灼热的。周恩来两手担着担架，大步大步走着，还望不着村口，他身上像淋着唰唰的雨，汗从头顶直灌到脚底下。脊背被汗湿透了，汗水沿着脊背流下来，双腿都是湿漉漉的。他拖着沉重的双腿，一步一滴汗，好不容易翻了几道山坡，踏过无数弹坑，到了村口。这时，警卫连的战士们赶来了，争抢着抬担架，换下周恩来。

要分别了，周恩来蹲在伤员身旁，再次亲切地安慰他，叮嘱他到医务所安心养伤，力争早日康复。临别的一瞬，握别之后，周恩来便往回返了。

伤员坐在担架上，看着他走远，暗暗地拭眼泪。一边拭着，一边看着他的背影，渐渐地远了，消失在山坡下了，这才悄悄问战士："他是谁呀？挺面熟的！"

战士眨了眨眼，神神秘秘地说："他是我们的政委呀。"

伤员见他神秘兮兮的模样，摆摆手道："你没说真话，我看他像周副主席。"

战士朝伤员眨眨眼睛，笑了。

到了医务所，战士临走时，才贴着伤员的耳朵说："你呀，猜对了，方才抬你的不是别人，正是周副主席！"

听了这话，伤员心上流过一道暖流。在他20多年的岁月里，他感受过父母的慈爱，感受过战友的友情，今天，他才感受到那份有别于父母、战友的真情,那样真切的爱。多少年后,他蓦然回首,依然觉得那美好的瞬间特别令人回味,最甜、最美的回味。

[评] 友爱就是力量

在革命队伍里,人们的根本利益是一致的,对别人,说什么、做什么,都可以反映出这个人的情操和精神面貌。以抬担架而论,确实是件很平常的事儿。但是,在这件平常的事情之中,体现着实实在在地为他人着想,体现着以帮助他人解除困难和疾苦为己任,体现着视他人为亲人的同志之爱,就像人们经常所说的那样,"于细微处见精神"。抬担架这件平常事,充分表现了周恩来高尚的道德情操,谱出了友爱的壮歌。

有人说:"友爱就是力量。"在革命战争年代,友爱可以给人以力量,在中国特色社会主义建设新时代,友爱同样可以给人以力量。我们每个人都生活在社会大家庭中,都需要得到别人深挚的友爱,也需要给别人以深挚的友爱。正如一首歌里唱的那样:"只要人人都献出一点爱,世界将变成美好的人间!"

周总理和陈毅元帅

若乃真雄鹰，展翅冲霄汉。

翱翔于太空，嬉游于海甸。

不恋投来食，安能受羁绊？

陈毅元帅《驯鹰词》中的诗句，真实地再现了他那磊落坦荡的胸怀、豁达豪爽的性格。

面对"文化大革命"的混乱局面，许多人放弃了原则，但是国务院副总理兼外交部长的陈毅却偏偏"不识时务"，在异常严酷的"文化大革命"初期，他对许多事感到吃惊、不解。紧接着是在大会小会上，把自己的心里话甩出来，给正陷于"革命"狂热中的人们泼上几瓢冷水。

在那个政治气候十分严峻的日子里，生就刚毅、爽直的陈毅元帅，受到了残酷的打击和迫害。

1967年8月，随着王力影响甚大的"八七"讲话的出笼，8月11日下午，中央文革小组再次策动外事口造反派在人民大会堂召开万人大会批判陈毅。会间，突然会场二楼掉下一条"打倒陈毅"的大标语！顿时，整个会场上一片哗然。毫无疑义，这是事先策划好的。此时，周恩来奋力劝阻，全然无效，以致他愤然退出会场，以示抗议，同时命令警卫人员保护陈毅离开会场。在一身正气的周总理面前，人多势众的造反派一个个瞪大了眼睛，却不敢动陈毅的一根毫毛，眼睁睁地看着他们离去。

8月27日凌晨，外事口造反派继续在陈毅"问题"上大做

第七章　和以众处　与人为善

文章，一再无理阻挠周总理出席批判陈毅大会，并扬言将组织"群众"冲击会场，实质上是企图把陈毅揪走。对此，周恩来横眉冷对，义愤填膺。他严厉地批评造反派："冲击人民大会堂，不管怎么说，按中央的规定是不对的！"造反派竟置之不理，他们甚至公开顶撞，高声打断周总理批评他们的话。

"你们是不是跟我开辩论会？！"周恩来义正词严地向造反派指出："你们这样做完全是向我施加压力，是在整我了。你们采取轮流战术从（26日）中午两点到现在，整整18个钟头了，我还没睡觉，我的身体不能再忍受了！……"

在此之前，周恩来因过度紧张、劳累，引起心脏病发作，不得不连服了两次药，但仍不见明显好转。保健医生忍无可忍，冲到造反派头头面前大声警告："如果总理今天发生什么意外，你必须承担一切责任！"说着，搀扶周总理离开会场。没走几步，造反派仍在后面毫无理性地叫嚷："我们就是要拦陈毅的汽车！我们还要再次冲击会场！"

这时，走到门口的周总理猛然站住，陡然回转身来。就在这一刹那，盛怒之下的周总理，双目似射出灼人的光，好像要燃烧出火焰似的。他用逼人的目光盯住那个造反派头头，怒斥道："你们谁要拦截陈毅同志的汽车，我马上挺身而出！你们谁要冲击会场，我就站在人民大会堂门口，让你们从我的身上踏过去！"为了保护共和国开国元帅，周总理简直把命都豁出去了。由于周总理的坚决反对，那些狂妄的造反派才被迫有所收敛。然而对于王力的那个"八七"讲话，陈毅仍不得不提高警惕，以防万一。陈毅在人民大会堂被滞留了近20个小时，直到沉沉的大地笼罩在黑暗里，他才乘车回到家中。一脚踏进家门，张茜望着陈毅明显红肿的眼睑，既心疼又嗔怪地说："噢，你怎么现在才回来？人家卞主任已经等你好久了！"不等陈毅开口，卞主任立即挂上听诊器，为全力辅佐周总理工作的外交部长进行检查。

陈毅万万没想到，此时此刻正同疾病作斗争的周总理，丝毫没有想到自己，却如此深情地惦记着他，还让卞主任来做体检，真是情真意切啊！陈毅这么暗忖着，不由眼睛里闪出泪花。他强忍着泪不往外淌，半晌才深沉地问道："卞主任，你怎么来了？听说周总理的心脏病又犯了，你为什么不去照顾总理？"

"是总理特地派我来看看你。"卞主任解释说，"总理担心你身体支撑不住呀！"

陈毅不再询问什么。他望着卞主任，极力地控制自己，但那噙在眼眶里的泪珠，还是禁不住朝外滚动，沿着清癯的脸庞静静地滴落下来。"男儿有泪不轻弹"，他掏出手绢轻轻擦去，可是那重新涌出的泪水，使人一眼看去，就可以感觉到他的心里，正荡漾着更加酸楚的波纹。他呷了一口茶，把想要说的千言万语全部凝聚在这最简单的几个字上："总理总是关心他人比关心自己为重。"卞主任下意识地点了点头。

此刻，陈毅的双眼一眨不眨地望着卞主任，关切地问道："总理早晨心脏病发作，现在怎么样了？"

"回到西花厅，吸完一袋氧气，又服了两片药，这才稍好些。"卞主任心疼地回答，"总理太劳累了，他需要到疗养院静养一段时间。可现在全国闹成这个样子，他怎么能离开中南海啊！"

听了卞主任发自内心的话，陈毅与卞主任握别时再三叮嘱："请转告总理，我的身体没有什么问题，不要担心。为着邓大姐，也为着我们的党和国家，请他自己要保重。"

听着陈毅元帅的嘱咐，卞主任热泪夺眶而出，他真想向所有关心这两位开国元勋的人们说：一个德高望重的总理，一个才高八斗的外交部长，他们就是这样像铆钉一样坚固地铆在一起，艰难而坚定地维系着共和国的安危，他们留给我们的，除了对于真理的信仰，就是纯洁真挚的感情……

〔评〕"舍生取义"理当然

"你们谁要拦截陈毅同志的汽车，我马上挺身而出！你们谁要冲击会场，我就站在人民大会堂门口，让你们从我的身上踏过去。"读罢周总理的这段话，感慨万千。这个不寻常的表态，凝结着敬爱的周总理对革命战友的真挚深厚的感情。

记得有人曾以文天祥"人生自古谁无死，留取丹心照汗青"的诗句，来礼赞那些"舍生取义"的人。周总理正是这样的人。

在陈毅生命受到威胁的危急关头，他毅然站了出来，发出了要以自己的生命去保护陈毅的誓言。这种壮举，不就是准备"舍生取义"的雄姿吗？！在他看来，真理和正义在陈毅这边。为了这个，在必要的时候，纵然舍弃自己的生命，也被视为当然的事情。

原因何在？就是因为真理和正义值得人们去追求，去奋斗，去献身。刘少奇曾说："为党、为阶级、为民族解放，为人类解放和社会的发展，为最大多数人民的最大利益而牺牲，那就是最值得、最应该的。"为此目的，坚定的共产党员宁愿舍弃自己的生命。这样的"舍生取义"是必要的，应该去身体力行的。周总理不正是这样的吗？！

然而，人人都知道舍生取义的道理，但并不是人人都愿意去这么躬行实践。为什么呢？《论语·为政》中有句话："见义不为，无勇也。"追根溯源，无勇之源在于怕死，怕死之源在于为私。相形之下，周总理所以能够奋不顾身地救陈毅于危难之中，最根本的一条，就是由于他具有坚强的党性和责任担当，有了这种政治担当，在必要的时候，就能自觉地挺身而出，救人于危难之中，没有这种政治担当，就必然是见义不为，吓破肝胆，逃之夭夭。

"见贤思齐焉。"我们每一个立志于成为革命事业接班人的青少年，都应该以周总理为榜样，学习他那种把党和人民的利益放在第一位的高尚品格，把自己的一切都奉献给我们伟大的党，伟大的祖国，伟大的人民。

第八章

坚守信仰 乐观豁达

不同寻常的演讲

1940年9月，四川重庆风云突起，山城翻波涌浪。这股拍天浊浪，沉重地压在人们的心头，令人心神不安。

这股风浪，来自国际、国内两个方面：

在国际方面，曾经猖獗一时的德意日法西斯更加猖獗了，英国在敦刻尔克大溃败后，为了靖绥日本而封锁了滇缅路；美国在东京和华盛顿同时与日本会谈，妄图对日妥协、牺牲中国……这就是国际法西斯活的现实！

在国内方面，这一年来，英美财政援助一天天减少，战略和民用物资运不进来，依赖英美援助的国民党政府，像狂风撼树一样，更加摇摆不定，反共之心更加露骨。这就是国内真实的现实！

面对这种严重的时局，人们不得不急切而焦急地提出一连串的问题：国际形势究竟会如何变化？团结抗战的统一战线会不会动摇？联合抗日能不能继续坚持下去？……

当团结抗战的局面暗流涌动、人们忧虑重重的严峻时刻，在国民党统治区广大群众中颇有声望的周恩来，很自然地成为后方千百万人心中的希望。他们渴望一瞻他的风采，聆听他的声音。

这时，山城重庆传来一个特大的令人振奋的消息：应中华职业教育社的邀请，周恩来将在该社举办的演讲会上，发表《国际形势与中国抗战》的演说。消息传开，人们一传十，十传百，很快，工人、学生、职员、军人、公职人员共四五千人聚集于张家花园的巴蜀小学操场。十分罕见的是，一些残疾人也都来听演讲。

　　周恩来迈过几个台阶，很快就在一个不大的讲台上站定。霎时，人们心潮汹涌澎湃，千百双眼睛热切地投向周恩来。几千人的会场，安静而庄严，群众全神贯注，静静地听着。周恩来以坚毅的目光，热情高昂的声调，精辟地分析了当时的国际、国内形势和中国抗战的前途。他深刻地指出，帝国主义战争正在扩大，中国必须坚持自力更生，坚持抗战到底，利用日美矛盾，但不能使抗日战争性质变化，成为帝国主义战争的工具。他反复强调，要加强国内团结，反对妥协投降……

　　周恩来的演讲，不时被一阵阵暴风雨般的掌声打断。这掌声，就像钱塘江的银色潮水，排山倒海，呼啸奔泻；就像火山突然喷火，通红的岩浆，汹涌迸发。无数的人们在握拳，在宣誓，在下定决心，不怕牺牲，用自己的血肉筑起新的长城！

　　在三个多小时的演讲中，周恩来始终贯穿着毛主席《论持久战》的光辉思想，贯穿着团结奋战和正义之战必胜的坚定信念。这一切，宛如无数战鼓在响，极大地振奋了人心；宛如无数的管乐在响，高昂的音调激励得人人眉梢飞扬！当时的悲观失望气氛，如秋风扫落叶一般烟消云散，各阶层群众，各民主党派，大大增强了抗战到底，战之必胜的决心和勇气。

　　演讲结束了，周恩来的目光坚定而有力，脸色严肃而坚毅，眸子里充满了无限的激励和鼓舞之情，久久地望着所有听众，然后便走下台阶从容地离开会场。

　　不同寻常的演讲，很快传遍山城，传遍巴蜀大地，让千百万群众受到鼓舞，重燃对生活的希望，对抗战必然胜利的希望！

第八章　坚守信仰　乐观豁达

〔评〕站得高看得远

唐代诗人王之涣诗曰："欲穷千里目，更上一层楼。"登高才能望远。看自然景色如此，看革命形势的发展也是如此。

1940年秋，美、英接连对日妥协，阴谋策划远东慕尼黑牺牲中国。在这种国际背景下，国民党政府更加动摇了，团结抗战的局面面临新的困境。这时，许多人忧心忡忡，悲观失望，而周恩来却能在当时极为复杂的情况中，保持清醒的头脑，对抗日力量坚信不疑，对抗战胜利充满信心。他站得高，看得远，想得深，在不利的复杂情况下依然保持精神饱满，斗志旺盛，深刻地表现了一个无产阶级革命家的精神面貌。

怎样才能站得高，看得远？最根本的一条，就是要学会运用马列主义的立场、观点和方法观察问题，分析问题，牢牢掌握社会发展的客观规律。只有这样，才能做到高瞻远瞩，既能看清今天，更能展望美好的明天。

在我们青少年的人生路上，难免会遇到各种挫折，迷茫无助，这时，读一下《不同寻常的演讲》这则故事，能给人鼓舞和力量，让人迎难而上。正如美国作家斯宾塞·约翰逊在《珍贵的礼物》一书中说的那样："永远都要记住，在一定的高度之上，就没有风雨云层。如果你生命中的云层遮蔽了阳光，那是因为你的心灵飞得还不够高。大多数人所犯的错误是去抗拒问题，他们努力试图消灭云层。正确的做法是发现使你上升到云层之上的途径，那里的天空永远是碧蓝的。"

困难时期不吃肉

那是一个初秋的黄昏。从树枝中穿过的夕阳，映在西花厅幽静的小院里，隐约地给它染上了一层淡淡的色彩。

这时，周总理刚放下手中的笔，一盘黄面窝窝头上来了，接着又是一盘白菜。总理一边啃着窝窝头，一边对身旁的邓颖超笑道："小超，你瞧瞧，这桌上的一盘窝窝头，很像一块块闪光的金元宝，仿佛能闻到醉人的芳香呢。"

邓颖超也是个知足的人，听罢周恩来诙谐的话语，眉宇间显露着赞同的笑容。

那年头，正是经济困难的时期，周总理在家经常吃窝窝头，并且坚持不吃肉。在家是这样，外出办事也是这样。1962年6月，周总理在沈阳视察期间对管生活的有关人员交代：现在，全国人民都在勒紧裤带，毛主席在党中央带头，我在国务院带头；鱼、蛋、肉之类的东西不吃，肉制品也不行；群众有困难，做领导工作的更不能特殊。总理以身作则的实践，让身边的工作人员深受感动。

〔评〕与人民共患难

1959年至1961年，我国连续三年遭受严重自然灾害，国民经济存在着很大困难，人民的生活也受到了很大影响。在这极端困难的年月，毛泽东、周恩来等中央领导同志，时时刻刻把人民的疾苦冷暖牵挂心中，把人民的不幸和苦难当作自己的痛楚。有一天，不知是谁从中南海传出了消息：毛主席在党中央带头不吃肉！周总理在国务院也带了这个头，他在国务院召开的一次会议上宣布：在困难时期我们要坚定不移地依靠工人阶级，依靠劳动群众，同心同德来战胜难关。从这天起，他经常吃窝窝头，并且坚持不吃肉，在中南海不吃，外出视察时也不吃，为民情怀可见一斑。

西汉刘向《说苑·政理》中有这样几句名言："善为国者，遇民如父母之爱子，兄之爱弟，闻其饥寒为之哀，见其劳苦为之悲。"于为政者而言，这种心肠和情怀不可缺少。在艰苦的日子里，周总理与人民群众心连心，共患难，日子虽然苦一点，但他却那样斗志昂扬，又那样积极乐观，这种置艰苦于度外的精神，激励着八亿中国人民。总理自己说得好：紧紧地同劳动群众站在一起，就一定能够战胜难关，取得胜利。

生命弥留之际的微笑

元旦的钟声，悠然扬起，飘送着1976年头一天的祝福，但守护在周总理身边的医护人员，人人忧郁、惆怅，个个心情沉重，因为周总理的病情变化得那么快，而他们，却无力做出什么有意义的事情来拯救周总理的生命。

所有在场的医生、护士都看见，周总理的生命活力在不断地消散：炯炯有神的目光，消失了；慈祥、温和的面容，不见了。眼下所能看到的，就是他那坚毅的嘴角，清晰地显示出他正忍受着晚期癌变带来的阵阵剧痛。他不呻吟，不吼叫，只是默默地、顽强地同疾病作斗争。

元旦早晨，《人民日报》《解放军报》送到了病房，报上刊登了毛主席的彩色照片，发表了毛主席《水调歌头·重上井冈山》《念奴娇·鸟儿问答》两首词。周总理在病危中，一次又一次地聆听毛主席的光辉词篇。当护士第三次念到《水调歌头·重上井冈山》中"可上九天揽月，可下五洋捉鳖，谈笑凯歌还"这句时，周总理不由发出了轻微的笑声。

紧张的抢救治疗，持续了一天一夜，周总理时而昏睡，时而梦呓般呢喃，时而从昏睡中醒来，一边喘息，一边张动嘴唇，仿佛有什么话要说。他究竟要说什么呢？突然，医护人员听到总理纤弱而又清晰的声音："诗词！"

一声"诗词"，令大家感慨万端，周总理那顽强的生命在和死神搏斗中的最后时刻，心中依然念叨着毛主席和他的诗词，还要再次聆听刚刚发表的主席的新作品，于是，护士小张先朗读了《水调歌头·重上井冈山》之后，一位医生又朗读了《念奴娇·鸟儿问答》："鲲鹏展翅，九万里，翻动扶摇羊角。背负青天朝下看，都是人间城郭。炮火连天，弹痕遍地，吓倒蓬间雀。怎么得了，哎呀我要飞跃。借问君去何方，雀儿答道：有仙山琼阁。不见前年秋月朗，订了三家条约。还有吃的，土豆烧熟了，再加牛肉。不须放屁，试看天地翻覆。"当读到最后两句"不须放屁，试看天地翻覆"的时候，周总理的眼睛直瞅着医生、护士，嘴角渐渐有了笑纹。

这生命弥留之际的微笑表明周总理对毛主席的无限崇敬，对党的事业无比坚贞，同时也表达了周总理博大的心胸、乐观的性格，在生命最后的一刻依然散发着金色的光彩！

〔评〕笑的源泉

有一些人在身患疾病的时候，常常为自己的不幸深深地苦恼着。当他们悲观失望、长吁短叹的时候，可曾想到：敬爱的周总理在病危之际是怎样的呢？

这里，别的暂且不说，单只谈一点：1976年的头一天，医护人员抢救了总理一天一夜。次日凌晨5点多钟，总理疼痛难忍，额角上沁出了汗珠，但他还是一次次要求聆听毛主席的词，当读到《念奴娇·鸟儿问答》的最后两句"不须放屁，试看天地翻覆"的时候，总理不由地露出了微笑。

这位伟大的共产主义战士，深深懂得毛主席诗词的精神，是为着激励人们为无产阶级革命事业斗争到底，听着，听着，有一种倾抒不尽的自豪感洋溢心头，脸上不禁露出微笑。这微笑，不仅仅体现了对毛主席的热爱，还贯穿着一种革命精神。

革命的乐观主义只为崇高的目标而产生。这个目标是什么呢?就是人类最壮丽的共产主义事业。周总理的微笑,正是为着共产主义的崇高目标而自然流露出来的。

联想到周总理在身患重病的日子里,把医院当作办公室,依旧坚持每天工作十几个小时,依旧保持平时那种革命乐观主义的情景,不是可以看到他为着革命的崇高目的而产生出的伟力吗?!无产阶级的革命事业和共产主义的崇高目标,像长江、黄河的源头,是他在任何艰难困苦情况下乐以忘忧的源泉!有了革命的崇高目标,才有昂扬的斗志,乐观的精神。

周总理在病重期间,以至在病危时刻的顽强斗争毅力和革命乐观主义精神,充分说明了这一点。今天,我们要从这个故事中学习的东西就在这里。

英特纳雄耐尔一定要实现

周总理从1972年患了重病以后,病魔日复一日地侵袭着他的肌体。在身患重病的日子里,他始终充满了革命乐观主义精神,一边不屈不挠地同疾病作斗争,一边殚精竭虑地为国家和人民辛劳,一天工作十几个小时是常事。哪怕从昏睡中清醒过来,他还顽强地用全身的力量,挣扎着从病床上坐起来,手里捧着文件翻阅着,审批着……周总理就是这样,为了八亿人民的福祉,耗尽了自己的心血,直至与世长辞。

1975年,周总理在病重时,让同他一起战斗、生活了几十年的老战友邓颖超拿来《国际歌》歌词,艰难地但又坚定地低声唱着:"团结起来到明天,英特纳雄耐尔就一定要实现!"他反复吟唱了几遍,声音虽然低微但是那样清晰。守在周总理病床边的护士,眼看着他的活力在悄悄消散,不管他对生死这一自然规律多么坦然,抱着多么实事求是的看法,怀着多么冷静、无畏的态度,但守护在他身边的医护人员心里总有些难过、惆怅,便关切地恳求着:"总理,您吟唱了好大一会啦,还是安静下来睡睡吧。"

这时候,周总理无神的眸子凝视着护士,一边喘息,一边微笑:"好,我听你的,再唱一次就睡,你不会不允许吧?"

"啊,这就好",护士笑道:"只再唱一次。"周总理立刻辨出了这个"允许"的声音。他满怀着共产主义战士崇高的战斗激情,用低微的声音再次吟唱:"团结起来到明天,英特纳雄耐尔就一定要实现!"唱罢,周总理紧紧握住护士的手，勉励她说："你是共产党员，要坚持共产主义信仰，与其他志同道合的同志一道，为人类最壮丽的共产主义事业奋斗到底！"

护士感动得连连点头："好，现在睡了吧。"

"好，我睡！"说完，周总理闭着眼睛，嘴角含着浅浅的笑意，渐渐安详地入睡了。

〔评〕中国梦必须有理想信仰牵引

周总理在病重之时，对病魔不屑一顾，甚至还唱起了《国际歌》。他在生命的最后时光，所思所想的仍然是伟大、壮丽的共产主义事业。这种革命乐观主义精神是与他的崇高信仰、坚定信念和胜利信心紧紧相连的，他的昂扬斗志和乐观精神，都是来自他那坚定的理想信念。他坚信：建设社会主义、共产主义大业，是人类历史上空前伟大而艰巨的任务。要走完这段漫漫长路，尽管还要穿过泥泞、行经丛林、横渡沼泽，但总有一天，共产主义的宏伟事业一定会成功。

今天，日新月异的中国式现代化建设与深化改革开放的形势，要求青少年们努力学习周总理革命理想高于天的崇高信仰。如果大家读懂了、感悟了理想信念决定着自己的方向和行动，就会拥有"更多的自信，坚强和从容，就会更容易从失望、惶惑的情绪缠绕中，从彷徨、沉沦的成长困境中挣脱出来，实现精神的疗效和心灵的升华，成就一个更成熟更优秀的自己"。这样，就有了充盈担当、责任和创新生长的力量，让生命之舟扬起风帆，更为畅通地驶向那一个个顺应大势，也顺应自身前行的远方，从而能真正为实现中国梦，即中华民族的伟大复兴贡献自己的一份力量。

第九章

勇于担当　鞠躬尽瘁

一张时间表

1967年10月8日,周总理飞抵武汉。9日上午,周总理陪同外宾参观了武汉锅炉厂、武钢、华中工学院、湖北大学等单位。下午,参加了有关集会并讲话。晚上7点赶到军区礼堂陪外宾观看文艺节目。看完节目后,周总理又召集大家安排、检查第二天送外宾的工作。晚上,他还忙着接见群众代表直至深夜。10日,吃罢早餐,周总理又赶到机场送外宾。外宾刚走,他又在候机室接见群众组织的代表,要求各群众组织认真学习毛主席著作,开门整风,多作自我批评,加强无产阶级党性,克服小资产阶级派性,促进革命大联合。我们敬爱的周总理为了党的事业,为了国家的前途,就是这样孜孜不倦、废寝忘食,拼着自己的热血和生命去工作。

〔评〕甘为孺子牛

看完《一张时间表》,忽然想起鲁迅先生的一句名言:"我好像一只牛,吃的是草,挤出的是牛奶,血。"

敬爱的周总理,不也正是这样吗?!

周总理对物质生活要求得很少,吃的是粗茶淡饭,穿的是补丁摞补丁的衣服,住的是朴实无华的平房。可他对党和人民事业的贡献却很多、很多。不计较工作时间,不考虑个人休息,夜以继日地做工作,这就是周总理的革命风格。《一张时间表》，不过是总理年年、月月、天天工作的一个缩影。这位伟大的共产主义战士，几十年如一日都是这么拼着自己的热血和生命去奋斗！人们所以把周总理比喻为"老黄牛"，正是取其"吃的是草，挤出的是牛奶，血"这个精髓之意的。

我国的新民主主义革命和社会主义建设，历经几十年的艰苦斗争，能够取得举世瞩目的伟大胜利，归根结底，就是由于有共产党和毛主席的正确领导，有无数老黄牛式的先进分子在革命和建设中发挥先锋模范作用，并通过他们去带动和影响千百万群众才获得的。如今，要全面开创社会主义现代化建设的新局面，并在本世纪中叶完成"两个百年"目标，还是要靠党的坚强领导和全国人民的共同奋斗，靠无数老黄牛式的先进分子充分发挥表率作用。

"横眉冷对千夫指，俯首甘为孺子牛。"鲁迅这句诗本身的含义自然是不言而喻的。这里，单从后一句言，不仅要我们做"孺子牛"，还要我们自觉地加上个"甘"字，这个要求是很高的了。周总理实践了"甘为孺子牛"这句话，因此赢得了全国人民的尊敬和爱戴。他做人民大众的牛之所以"甘"而愉悦，就在于他牢固地树立了全心全意为人民服务的思想，树立了革命的、共产主义的人生观。周总理的伟大正在于此。

不熄的灯光彻夜明

晚霞渐渐褪尽，西花厅小院已经没有霞光的影子了。新月如眉般的，挂在碧蓝碧蓝的夜空，繁星宛如围棋盘上的棋子，排列得那么新奇、巧妙，一颗，一颗，一闪，一闪，汇成奇异的星之江河，光之沧海。夜是清凉、亮丽、幽静的。在西花厅内的灯光下，显露出一个魁梧的身影，背朝天花板，弯着腰，虽然戴着一副老花镜，双目却炯炯有神。他就是敬爱的周总理，伏在旧式的办公桌上，握着笔，抻着纸，灯光下，或批阅公文，或思考问题，或谋划国家大事。

夜已很深了，一颗颗星星，明明灭灭地闪烁在黑沉沉的天幕上，似乎有些倦意。这时候，周总理也似乎是感到了疲劳，他站起来，来回信步走着，一面想着什么，一面从衣兜里掏出一小盒清凉油，习惯地在两边太阳穴上搽一点，借以提提神。然后，继续伏在办公桌上……

月亮缓缓隐去了，星光也时现时灭，即将被云影遮没了。天也渐渐显出了鱼肚白，闪出朦胧的亮光。周总理经过一夜的紧张劳累后，离开办公室，将休息三四个小时。到了中午，他又得准备出席会议，或作报告或接见外宾，一般都要忙到晚上夕阳落山，再休息一会儿，到晚上八九点钟就又投入工作，直至第二天黎明。

这样每天连轴转，工作长达十五六个小时，不是一天两天，也不是一周两周，而是长年累月都这样辛苦。在如此这般的连续操劳中，周总理虽然精力甚好，可以支撑得住，但他也不可能在无休止的劳动中不感到疲倦。他身边的工作人员常常看到，周总理在精力不支的时候，搽清凉油不行，也不得不偶尔点一支香烟，刺激一下疲劳至极的神经。

据周总理的秘书回忆："最令人担忧的是，在总理过分疲劳的时候，就会出现流鼻血的症状。淡红色的血液，用棉花球也止不住。这时候，非请他在沙发上靠一靠不可。警卫员送上凉水浸过的毛巾，在前额上覆盖一阵，等鼻血稍停，他又奋身而起，继续工作。给我们印象最深的一次，是为了等候朝鲜战场上的一个特急来电，时间已经快到中午12点，总理斜靠在沙发上淌着鼻血，对党对人民高度的责任感，不容许他休息。直到收到来电，总理又口授了复电内容，签发了复电，才肯服药休息。眼看到总理这种忘我工作的情景，怎能不令人担心他的健康？又怎能不使我们这些当日的年轻人感到内心的惭愧？从中受到永远难以忘怀的教育！抗美援朝的伟大胜利，新中国宏伟事业从初茁新芽到发达兴旺，其中倾注了敬爱的周总理的多少宝贵的心血啊！"

年年月月，夜空的星辰伴着总理办公室的灯光，直至曙光初现，朝霞满天。

〔评〕指引人民前进的灯塔

我眼前放着一份小资料，记载着这么一件事：法国著名作家福楼拜，常年通宵达旦地伏案挥笔。他书案上那盏带绿罩的灯终夜不熄。于是，"他的窗户也就自然而然地成了塞纳河上夜间作业的渔民的灯塔，从阿弗尔开往卢昂的轮船的掌舵人也都知道，在这段航路上要想不迷失方向，最可靠的'航标'是

'福楼拜先生的窗户'"。

由此我想到了周总理办公室彻夜不熄的灯光。我们敬爱的周总理,从《国际歌》歌声中走来,在南昌起义的大楼里,在遵义城一座平凡的屋子里,在延安王家坪的窑洞里,在碧波荡漾的中南海里……总理办公室的灯光,和星星一样闪亮,和启明星一起破晓!这灯光,从傍晚直到深夜,从深夜又到黎明,它是周总理一生夜以继日工作的最好写照,也是周总理一生为革命操劳的最好佐证。这灯光,何止是亮在南昌、遵义!何止是亮在延安窑洞、北京中南海!在长城内外,大江南北,在南国海疆,椰林深处……周总理办公室的灯光,照亮着亿万人民的征程!

福楼拜书案上那盏灯,照亮的只是一段塞纳河,受益的只是塞纳河上夜间作业的渔民。而周总理办公室的灯光,它照亮的是长江、黄河、雅鲁藏布江,是天山、泰山、昆仑山……它是指引亿万中国人民前进的灯塔!

机组人员的回忆

周恩来专机的机组人员邝祖炳等曾回忆：

周总理乘坐飞机近百次，足迹不仅踏遍祖国各个角落，而且远涉重洋，到达亚非拉和欧洲许多国家，在几十万公里的航程中，周总理不是抓住欲匆匆溜走的时间学习马列、毛主席著作，就是阅批文件，找人谈话，完全忘却了休息。有一次，他到外地视察，和各地的领导同志谈话，嗓子都说哑了，机上乘务员望着周总理那疲倦的神色，轻轻地说了声"休息一会儿，喝口水吧"，但不管用，只好求助邓颖超大姐劝说总理歇一歇，还是没有用。总理说："时间对我们是宝贵的，我们要争取时间多做工作。"还说："我老了，为党工作的时间不多了，要抢时间工作才行啊！"

1974年年底的一天，周总理乘飞机到外地去。来到机场，冒着尖峭的西北风，不顾刺骨的寒冷，和机组的乘务员一见面，就满面笑容地向同志们问好。一上飞机，不休息，不喝水，同往常一样低头看文件。同机的一位部队领导知道总理已经得了重病，身体虚弱，人也明显衰老了，消瘦的脸上刻满皱纹，两鬓的头发都发白了，眼窝也深陷了，在喝水时，端着水杯的手还直打颤，看上去真是叫人心疼啊！他怕总理太劳累，就过去劝总理休息。不料，周总理诙谐地说："没关系，尽管大多数时间疾病是痛苦的，但是，若能同疾病作斗争，你会发现斗争的生活，还可以愉悦地多活几年。"周总理坦荡、乐观的精神境界，使人无不为之感动。

第九章　勇于担当　鞠躬尽瘁

周总理走下飞机时，尖峭的西北风还未停止，冰冷的空气寒气逼人，而且已经星月满天了，周总理不顾严寒和长途航行的劳累，叫秘书搀扶着他到驾驶舱看望机组的全体员工，并一一握手告别。

〔评〕忘我献身精神的赞歌

一位伟大的人物，无时无刻不把党和人民的事业挂在心头，即使飞行在蓝天白云下，依然在为社会主义祖国建设精心运筹；一位人民的公仆，无时无刻不把人民的冷暖刻在心坎，即使在外出视察的飞机座舱里，依然在为亿万人民的幸福呕心沥血地绘制蓝图。

为什么在高空航行中，周总理还抓紧时间做工作？他这样说："时间对我们是宝贵的，我们要争取时间多做工作。"

为什么在得了重病的时刻，周总理还乘飞机到外地视察？还抱病坚持在飞机上工作？他这样说："我老了，为党工作的时间不多了，要抢时间工作才行啊！"

我们敬爱的周总理，每时每刻想的都是工作，是党的事业，是人民的幸福。正因为具有这种忘我献身的精神境界，所以不论在哪里，在任何情况下，只要心脏还在跳动，他都抓紧时间争分夺秒地工作，总想为党、为人民多发一分热，多闪一点光。

斯大林有句名言："伟大的毅力只为伟大的目的而产生。"心怀祖国和人民的人，忘我的献身精神总是常在的。如果我们每个青少年，都能胸怀祖国和人民，这种精神凝聚在一起，那我们的中国梦一定能实现！

"我能休息吗？"

1973年6月，周总理陪同外宾到延安访问，一下飞机就高兴地登上宝塔山。

宝塔山，不像黄山那样奇峰林立，高峰下临深谷，幽潭傍依天柱，搭配得巧妙多姿；也不像泰山那样"造化钟神秀，阴阳割昏晓"，但是，宝塔山之秀不仅在于它的林木葱茏，更在于它的名气极高，号称"不识宝塔山，不知延安貌，不晓革命史"。

正是由于这个缘故，周总理下了飞机，顾不得休息，就登上了宝塔山，观看延安全貌；又站在刻着毛主席1949年给延安人民的《复电》巨碑前，再次带领延安领导同志学习毛主席的指示，并给外宾扼要介绍了延安保卫战，以及青化砭、羊马河、蟠龙三战三捷的光辉战役。那时候，面对十倍于我、全部美械装备的国民党胡宗南军队，我西北野战军根据中央军委和毛主席的战略方针，在彭德怀、习仲勋的直接指挥下，采用"蘑菇战术"调动敌人，牵着他团团转，把他拖得筋疲力尽、士气低落，然后瞅准机会歼灭一股、一部，在40天内接连三战三捷，歼灭敌人3个旅部4个整团1.4万多人，给了胡宗南狠狠的一击，稳定了西北战局，为粉碎国民党的重点进攻创造了胜利的开端。

下了宝塔山，周总理陪同外宾继续参观延安枣园、杨家岭和凤凰山等革命旧址。在王家坪纪念馆、枣园等处向客人介绍了红军长征、遵义会议、重庆谈判等党的历史。这天夜晚，一钩弯弯的新月，隐隐约约地在蓝天上闪烁，几颗明明灭灭的小星星做了它的伴侣，它们似乎有点疲倦了。而这时，周总理还在和延安的负责人交谈远景规划，提出延安三年改变面貌，五年粮食翻一番的要求，一直到三更天，墙壁上悬挂的闹钟"铛铛"地响起，才上床睡觉。凌晨，光亮、明净的太阳升起，他快速地起身，匆匆吃罢早餐，又继续工作操劳。陪同访问的工作人员担心他的身体吃不消，就恳求他再休息一会儿，他却微微一笑说："这么多事情要做，我能休息吗？"

〔评〕值得深思的问号

世界像个未知数，我们来到人世间，一生一世，该要打下多少问号啊！不过，每个人给自己打的问号是大不一样的。有的人打下的是怎样"求实惠"的问号，有的人打下的是如何"向钱看"的问号，有的人打下的是何日"成名成家"的问号，如此等等，不一而足。

同上述完全相反，还有另外一种问号。"这么多事情要做，我能休息吗？"这是伟大的共产主义战士、杰出的无产阶级革命家周恩来给自己打的问号。

各人所打的问号虽然五花八门，然而总归起来，却无非是两种：一种是利己主义的问号，一种是"毫不利己，专门利人"的问号。

问号不可不打，但也不可光打个人主义的问号。紧紧围绕个人主义去打问号，那是不足取的。因为为着这样的问号去奋斗的人，其胸怀是不开阔的，情操是不高尚的，也是注定要到处碰壁的。周总理所以能受到全国人民的无比热爱，无比崇敬，根本的原因在于他站得高，看得远，他日日夜夜都在想着怎样为党的事业尽心尽力，怎样使祖国早日繁荣富强，怎样让人民的生活过得更加美好……这些忧国忧民、为国为民的问号，集中地反映了他的忘我精神和高尚的精神境界。

只为个人主义而打问号、而奋斗的人，是极其渺小的，而为党和人民的事业而打问号、而奋斗的人，才是伟大而高尚的。我们学习周总理，就要学习他围绕大多数人的利益去思考问题，提出问题，并为之拼着自己的热血和生命去努力奋斗，这样，我们的生命才更有价值。

"这么多事情要做，我能休息吗？"周总理打的这个问号，值得我们每一个人深思。

不寻常的办公用具

周总理日理万机，从不知疲倦——一盒清凉油就是最好的见证。这普通的清凉油经常放在周总理办公桌上的文具盒里，或随身带着。周总理为党、为人民、为国家，废寝忘食，任劳任怨，节假日从来不休息。有时几天几夜连续工作，甚至忘了吃饭。有时一顿饭端来端去热了几次。每当长时间工作后感到疲劳时，他就在额上搽一点清凉油，继续工作。疲劳又袭来了，他再搽一点，又继续工作下去。清凉油，伴随周总理度过了无数不眠之夜！

周总理夜以继日，从不顾自己——一个装硝酸甘油的药瓶就是最生动的说明。周总理患了心脏病后，就把这个装着硝酸甘油的小药瓶带在上衣口袋里。面对重病，周总理十分坦然。他对身边的同志说："为党工作的时间不多了，要抢时间才行啊！"他带着疾病，更加夜以继日地工作，心脏不舒服时，就拿出这瓶硝酸甘油，服一片药，休息片刻，又继续工作。

周总理为革命操劳，总是争分夺秒——一张造型奇特的小桌就可作见证。周总理不但在办公室忘我地工作，到卧室里也不休息，继续批改文件。原来，每当周总理在办公室连续工作时间太长的时候，身边工作的同志常常去请周总理休息，不得已时，周总理才答应回卧室去。可是，到了卧室，周总理常常坐在床上，膝盖上放一块三合板，又批改起文件来，经常从深夜一直辛劳到天明。为了改善周总理的工作条件，保护周总理的身体健康，邓颖超亲自设计了这个小桌。小桌一边高，一边低，放在床上呈现一个斜面，使周总理可以靠坐在床上伏案工作。多少回，周总理长时间地伏在这个小床桌上批改文件，忘了东方已经发白，朝霞正在燃烧；多少回，周总理彻夜不眠地伏在这个小床桌上为人民辛勤操劳，晶莹的汗珠滴上了桌面上。这就是人民的好总理，把亿万人民的冷暖，把世界人民的未来，时刻挂记在心里，自己却很少睡一夜囫囵觉。

〔评〕"吐丝"的"春蚕"

《不寻常的办公用具》一文，读来感人肺腑，催人泪下。从一盒清凉油，一个装硝酸甘油的药瓶，一张造型奇特的炕桌等物件上，我们看到了周总理为国家、为人民鞠躬尽瘁、死而后已的动人形象。

上述小物件，本是一些平凡的东西，但又实在是不平凡！它们是周总理为革命忘我奋斗的"见证者"。其实，在周总理伟大的一生中，自从他投身于共产主义事业，哪一天不是夜以继日地为人民辛劳？哪一刻不是忘我地为革命的胜利艰苦奋斗？周总理为无产阶级革命事业，无私地贡献了自己的一切，连骨灰也献给了祖国的山山水水……

周总理曾经讲过一句话："我们要像蚕一样将最后一根丝都吐出来，贡献给人民。"敬爱的周总理，他的一生不就是这样实践的吗？他以自己的实际行动，为这一句深刻的话抒写了最好的诗章，绘出了最美的画面。春蚕，它勤勤恳恳，兢兢业业，将最后一根丝都吐出来。我们的好总理，为党和人民事业耗尽了心血、工作到生命的最后一息，真正做到了"春蚕到死丝方尽"！

第九章　勇于担当　鞠躬尽瘁

周总理崇高的革命精神,闪烁着共产主义品德的灿烂光辉,它将永远闪现在我们的心中!

警卫秘书的感慨

周恩来的警卫秘书高振普曾回忆道：

一天清晨，太阳刚露头，布谷鸟在西花厅小院的树上叫唤，发出早安的问候。这时，叫醒总理的时间到了，我来到总理的卧室门前，听到总理香甜的鼾声，伸出去推门的手又缩了回来，但临睡之前，总理总要预先规定起床的时间，务必要按时叫醒他。怎么办？万般无奈，我只好轻轻推开门进去，已经熟睡的总理，脸庞好像大理石的浮雕一样，温和、明净、慈祥，偶尔"呼噜"一声，又安然睡去。望着总理睡得那么好，叫，还是不叫？我犹豫起来，踟蹰不前：叫吧，总理日理万机，辛苦劳累，睡下才三四个小时，我怎么忍心把他叫醒，让他多睡一会儿吧，哪怕三五分钟也好。不叫吧，总理给值班的同志作过严格的规定：只要毛主席有事，一定要立刻叫醒他；中央其他领导同志找他，或有其他的大事、急事，也要叫醒他；规定的起床时间到了，也必须叫醒他。

此刻，我强抑制自己"不忍心"的念头，怀着极度矛盾的心理，没有再犹豫就叫醒了总理。朝阳从东窗照进来，照亮了他的脸，看上去，那一道道皱纹更深了，那是操劳不息留下的烙印啊！再看看他那双原本勃勃生辉的眼睛，眼下已蒙上了疲惫的色泽，我不由心头一酸，一颗颗泪珠滑落下来⋯⋯

作为警卫秘书，我衷心祝福敬爱的周总理身体健康，但真实的情况却是总理的健康状况不如人愿，我为自己的无能感到愧疚，可是又实在没有法子，因为我心里明白：总理的时间是以分秒来计算的，极为宝贵。总理在睡觉前已经把第二天要做的事情安排好了，党中央、毛主席的战略部署需要总理去组织落实，多少国内外大事等着总理去处理，现在叫醒他的时间到了，这哪能耽误啊！

周总理的严格规定，禁不住使我感慨万千，谁说总理不知道休息，皆因"家国情怀、利民为本"八字铭刻在心啊！

〔评〕关于"约法三章"的联想

周总理是老一辈无产阶级革命家，为实现共产主义远大理想，一生勇挑重担，呕心沥血，任劳任怨，即使在生命最后时期，还抱病操劳国事，心忧百姓。按常理，在这个年岁，重疾缠身，就是给自己多安排点睡眠时间，也是理所当然、顺理成章的事儿。但是，周总理并没有这么想，他对自己高标准，严要求，一天要坚持工作十几个小时，甚至20个小时以上。更令人感动的是，他给值班的同志规定了"约法三章"：第一，毛主席有事，一定要立刻叫醒他；第二，中央其他领导同志找他，或有其他大事、急事，要叫醒他；第三，规定的起床时间到了，也必须叫醒他。这"约法三章"，彰显了伟大的共产主义战士的精神风貌，闪烁着无产阶级革命家高尚品质的光芒。

周总理的"约法三章"，是伟大的共产主义战士自觉的行为规范，从这里使人想到了许多。他是出生入死、南征北战几十年的革命家，又是社会主义新中国功绩卓著的开国元勋，新中国成立后身居党和国家的领导岗位，为党和人民做出了极大的贡献。但他从来不把资历、功劳作为多休息、多享受的资本，而甘当人民大众的"牛"，拉革命车不松套，一直到他生命的最后一息。有人把他这种品德比作画，但比画更美，有人把他这种精神比作诗，但比诗更动人。

周总理的"约法三章"，又是共产党人甘当人民勤务员的戒律，他是党中央副主席、国务院总理，但他从来不把自己看成是社会的主人，而看成是社会的公仆、人民的勤务员。因而，他自觉地给自己立法，把睡眠时间规定在最小限度，把工作时间规定到最大限度。有人说他是世界上真正不知疲倦的人，一生休息得最少，最少！这句话一点儿也不过分。

一张大字报

　　西天边上，辉耀着一片玫瑰红的霞光，这霞光，通过窗子映射到西花厅，沐浴着绚丽的晚霞，周恩来继续伏案批阅文件。工作人员送来一碗玉米粥、一个馒头、一盘白菜豆腐，让总理一边工作一边吃点东西。这是1967年3月的一天，从清晨到日落，周总理已经整整工作了12个钟头，不是批阅文件，就是找人谈话、开会、接待……其实，像这样长时间连续工作，没时间午休，甚至没时间吃饭，不是一天两天，而是常年如此。有一次，他和一位中央领导同志在办公室工作了大半夜，只睡了两个小时，第二天早晨又穿着睡衣批阅文件。

　　周恩来作为一个泱泱大国的总理，又赶上那年月正值"文化大革命"，从早到晚处理各方面的大事、急事，他哪有多少时间休息，又哪有多少时间睡眠，常常一天只睡两三个小时。长此以往，周总理的身体越来越差，也愈发瘦弱。他那走起路来铿锵有力的劲头没有了；额上的皱纹更深了；一双原本炯炯有神的眼睛如今也蒙上了疲倦的神色。更令人揪心的是，这时医生已经发现周总理的心脏有病了。周总理的秘书多次去找邓颖超，请她劝总理注意休息，保重身体。但每当邓颖超劝他歇一会，他总是说："岁月无情，年岁已高呵，要抓紧时间，为党多做点工作，为毛主席多分点忧，减轻主席的负担。"

　　谁也劝不住，谁也说服不了，邓大姐无计可施，周总理身边工作的同志也实在没办法了，怎么办？这些与周总理朝夕相处的秘书、医生、护士、服务员、警卫员、炊事员、司机凑在一起议论。俗话说："三个臭皮匠，顶个诸葛亮。"大家七嘴八舌一商量，办法出来了：联名给总理写一张大字报！大字报恳切、关爱地写道：

周恩来同志：

我们要造你一点反，就是请求你改变现在的工作方式和生活习惯，才能适应你的身体变化情况，从而你才能够为党工作得长久一些，更多一些。这是我们从党和革命的最高的长远的利益出发，所以强烈要求你接受我们的请求。

这张大字报用图钉钉在周总理办公室的门上，便于周总理进门前看看，从而起到提醒周总理爱护身体、注意休息的作用。

两天后，邓大姐又提出五条"补充建议"的小字报，贴在这张大字报上。

很多中央领导同志看了这张大字报，也都表示支持。叶剑英、李先念、聂荣臻、陈毅、李富春等同志都签了名。

周总理看了大字报后，亲手在大字报上工工整整地写了"诚恳接受，要看实践"八个大字。

周总理虽然见善则迁，有意见就诚恳接受，但休息的问题由不得自己，还要看实际工作允不允许。事实上，已进入古稀之年的周总理，为人民的事业仍然是不分白天黑夜，日夜操劳。1975年5月，周总理的病情已经很严重，他依然心里根本没有自己，一心想的还是为党和人民的利益多做工作，直到他老人家与世长辞。

不忘初心，以身许党许国，全心全意为人民服务，周总理做到了极致。是春蚕到死、是蜡炬成灰，是真正的鞠躬尽瘁，死而后已。

第九章　勇于担当　鞠躬尽瘁

〔评〕信仰的力量

读过《革命烈士诗抄》的人，都知道夏明翰烈士写的一首就义诗："砍头不要紧，只要主义真。杀了夏明翰，还有后来人。"为"主义"不怕"砍头"，要归之于信仰的力量。夏明翰追求共产主义真理，信仰共产主义真理，因而能在关键时刻献出自己的生命。

由此想到敬爱的周总理。极为繁重的工作使得周总理那丰满的面庞，消瘦了；那明亮深邃的眸子，暗淡了。在这个时候，周总理的心脏也有病了。他身边的工作人员为此忧虑至极。他们万般无奈下，只好联名写了一张劝他注意休息的大字报。后来，叶剑英、李先念、聂荣臻、陈毅、李富春等同志都在大字报上签了名，表示坚决支持。

但是，为国家、为民族甘愿呕心沥血、鞠躬尽瘁的周总理，哪能把革命工作置之度外而去安歇养身呢？总理虽然表示诚恳接受大家的意见，但实际工作还是不允许他休息，每一天，他依然工作十几个小时，甚至20个小时。人们不禁会问："这股力量从哪里来？"

应该说，这种忘我工作的精神，是受其信仰、人生观支配的。早在青年时代，周总理就立下了凌云志：坚信共产主义真理，坚信共产主义事业必胜。这个坚定信念，化为他忘我工作的行动，融在他日夜连轴转的实践之中。在平时，他不怕苦，不怕累，为人民鞠躬尽瘁，在关键时刻，他不畏强敌，不怕流血，敢于献出自己的宝贵生命。这种信仰的力量，是周总理一生的无形导演，指导他为共产主义真理甘愿吃苦，为人民大众甘愿当一辈子的"牛"。

这种共产主义信仰的伟力，是周总理伟大献身精神的源泉，是共产党人宝贵的精神财富。

　　从夏明翰的"砍头不要紧"，到周总理的"生命不息，战斗不止"，都说明了一个朴素的真理：共产主义信仰十分重要。由此可见，我们必须高度重视信仰的教育，把广大青少年培养成为像总理那样对共产主义有坚定信念的人，对共产主义事业坚持奋斗的人，我们的社会就会更加进步，我们的事业也会更加兴旺发达。

把医院当作办公室

1974年6月1日,周总理因病住进中国人民解放军三〇五医院。临行前,他嘱咐秘书带上要看的书和待批的文件,并亲自在办公室检查一遍,向秘书口授了"六月一日后对送批文件的处理意见"。

躺在医院的病床上,周总理心里明白自己为党和人民工作的时间不多了。因此,他把医院当作办公室,以"只争朝夕"的精神,抓紧一切时间,处理国家大事。他在病房里,忍受着一般人难以忍受的病痛与折磨,亲手批阅了大量关系到国计民生的重要文件,亲自接见了来自世界各地的外宾。有一次,他觉得身子轻飘飘的,头却异常沉重,不得不上床躺一会儿,然后,又坐起来继续工作。就这样,住院的周总理每天工作还是常常达12小时以上,护士、医生劝他多休息少工作,他总是笑笑说:"我老了,身体不行了,不服也不行,今后为党工作的时间会越来越少,因此要抓紧时间多做点事情啊!"

1974年年底,周总理在重病中主持修订四届人大《政府工作报告》。1975年1月13日,四届人大开幕时,他从医院来到人民大会堂,迈着沉重的脚步在讲台前站定,用全身的力量和全部的感情,亲自作《政府工作报告》。当周总理站在讲台前时,会场上响起了暴风雨般的经久不息的掌声。许多代表顿时心潮澎湃,百感交集,他们万没想到,病重的周总理还来到人民大会堂看望他们,更没想到周总理亲自上台作报告!哎,他怎么撑得住呢?!不少代表噙满了泪水。敬爱的周总理啊,八亿人民都在惦念着您，祈福着您，祝愿您老人家早日康复啊！

与会代表在激动、感动中，和全中国、全世界的人民一起聆听了周总理洪亮的声音："在本世纪内，全面实现农业、工业、国防和科学技术的现代化，使我国国民经济走在世界的前列。"周总理的报告，给全国人民点燃了新的希望，激发了八亿人民发愤图强的意志和决心。

1975年2月，周总理的病情继续恶化，剧烈的病痛无情地折磨着他，可是，他还是咬着牙关坚持工作。医生们给他做了一次大手术，刚刚从手术室回到病房，他便询问云南锡矿工人肺癌发病的情况，并把日坛医院党委书记李冰叫到跟前，叮嘱她派得力的医生去解决这个问题。

"你们，不要管我，我这儿没事了……云南锡矿……工人……肺癌发病情况……你们要去解决……马上就去！"

李冰噙满了泪水，赶紧说："我去，我就去，请总理放心。"

"那……你赶快走吧？啊……这就好！"

此刻，周围的医务人员再也听不下去了，一个个泪流满面，有的人扭过脸去，抽噎地哭了起来。我们的好总理，病情危重之际，心里想的却是远隔万水千山的矿工们！

〔评〕鞠躬尽瘁，死而后已

诸葛亮曾在《后出师表》中说出了"鞠躬尽瘁，死而后已"的千古名言。毛主席曾借用诸葛亮的这两句话，谆谆教导全体党员和干部，对待人民，对待革命事业要做到"鞠躬尽瘁，死而后已"。读了《把医院当作办公室》一文，我们好像看见一颗鞠躬尽瘁的心脏在眼前突突地跳动!

人的一生能否称得上"鞠躬尽瘁,死而后已",不仅要看他的青年和中年,更要看他在晚年,在生命的最后时刻,是不是还在顽强地奋斗不息。周总理的一生,是为党和人民的利益而英勇、顽强斗争的一生,是把自己的一切献给共产主义事业的一生。自从他投身革命之日起,他总是以忘我的精神去工作、工作、再工作,即使在晚年患重病住进医院里,在生命最后的日子里,他依然不肯停止工作。"鞠躬尽瘁,死而后已"这句话用在他身上,真是再贴切不过了。

周总理能够真正做到"鞠躬尽瘁,死而后已",绝不是偶然的,是他接受马克思主义的伟大真理之后,用这个放之四海而皆准的真理去不断改造、锻炼自己的结果。

也许有人说,周总理那种"鞠躬尽瘁,死而后已"的精神好是好,我就是学不到手。的确,要真正学到手确实不那么容易,但只要确信马克思主义是真理,并注重用它指导自己的实践,还有什么事情办不到呢?

最后一次接见外宾

1975年7月，周总理在病情十分严重的情况下，抱病参加了中泰建交的签字仪式，并代表我国政府在中泰建交的联合公报上签字，这是周总理最后一次在建交公报上签字。

9月初，罗马尼亚共产党中央书记伊利耶·维尔德茨率领罗马尼亚党政代表团，带着罗马尼亚人民对中国人民的深厚情谊和对周总理的关切和问候，来到中国访问，并希望能会见周总理。

对这种热切期待的相见，怎么能够谢绝呢？周总理不顾病情的严重恶化和医护人员的再三劝阻，同意会见罗党政代表团。但是周总理在医院的病床上，疾病残酷地剥夺着他的生命活力，他觉得浑身各个部位都不受支配，动弹一下都非常吃力，何况双脚肿得厉害，连布鞋都穿不上！怎么办？为了中罗两国的兄弟情谊，他竭尽全力拼命地挣扎着，终于大汗淋漓地坐起来，穿上了鞋店为他特制的圆口布鞋，会见了维尔德茨和代表团。

会见时，维尔德茨坐在周总理身边，转达了罗马尼亚党和政府对总理的问候和祝福，然后默默地望着周总理的那张憔悴但又那么刚强而坚毅的脸庞。周总理当时的病情那么严重，但他决不流露出一丝半点沮丧，在贵宾面前，他带着微笑，用坦然、平和的语言谈了客人们尤为关心的身体情况。他淡然一笑说："马克思的'请帖'，我已经收到了。这没有什么，这是不以人的意志为转移的自然法则。"

第九章　勇于担当　鞠躬尽瘁

周总理表示，邓小平将接替他主持国务院工作，并会继续执行我党的内外方针。最后，他请维尔德茨转达他对罗马尼亚党政领导人及其他老朋友的问候。

这次会见是周总理生前最后一次会见外宾。

〔评〕"苟利国家，不求富贵"

读一读《最后一次接见外宾》，对我们是很有教益的。

1975年9月，周总理的病情更加严重了，罗马尼亚党政代表团来我国访问时，周总理双脚肿得穿不了皮鞋，就穿上之前工作人员到鞋店为他特制的一双圆口布鞋，亲切会见了罗马尼亚党政代表团。

身患绝症的周总理，对客人们的要求那么重视，忍着病痛亲自接见，亲切交谈。他诙谐地说："马克思的'请帖'，我已经收到了。这没有什么，这是不以人的意志为转移的自然法则。"听着这样真切感人的话，客人们无不为之感动。

人是要有点精神的。周总理在病得那么严重，连挪动一步都十分困难的情况下，还热情地代表党和国家接见外宾，这里面就有一种无形的精神在起作用。一种什么精神呢？就是从国家利益出发，多为国家着想的精神。这种精神值得学习和大力提倡。

《礼记·儒行》中有这样两句话："苟利国家，不求富贵。"这是说，如果对国家有利，自己不去追求富贵。利国利民是大事，自己的利益、富贵等都是小事。倘若国家事、个人事能同时兼顾当然更好，但如果二者发生矛盾或冲突，就要首先为国家利益着想，牺牲小我，成就大我，这应该成为每一个人的行为准则。人,多做有利国家的事,对人、对己、对社会都有好处。如此,我们将活得更坦荡,更自豪,更有价值!

伟大的革命种子

1976年1月8日,古都北京,天气阴沉,寒风刺骨。上午9时57分,一个比阴沉的天气更大的阴影,忽然笼罩了整个北京城。

敬爱的周总理,在人民最需要的时候,与世长辞了。这个令人难以置信的噩耗,就像刹那间有谁撒了一把冷凝剂,把天上的水和人的心都冻成了冰。全国人民立即沉浸在巨大的悲痛之中。

在天安门广场,在十里长安大街,在整个北京城,在960多万平方公里的中国大地,八亿人民被巨大的悲痛所笼罩,多少人顿足捶胸,痛苦欲绝。这哭泣声,竟这么猛烈地震撼着全中国,全世界!

田老翁已经83岁高龄,满头霜雪,须发皆白,虽说活了80多个春秋,经历过一次次惊天动地、悲欢离合的场面,但却从来没有动过什么感情,有人送他一个外号——"铁石心肠"。可今天,在冷风中,他显得异常的憔悴,由11岁的小孙女搀扶着,蹒跚地来到中南海的西北角外,面朝西花厅,深陷的眼睛湿润了,落泪了,泪水湿了胸前。小孙女越劝,他越伤心,要把心中的泪水都倾倒出来才痛快!就这样在酷寒和悲哀中站在那儿,风越刮越大,天越来越冷,但是,他站立得比任何时候都挺拔。

田老翁的心境,可以说是千百万中国人的心境。人们对周总理逝世的悲痛,和对周总理由衷的敬仰和爱戴,集中表现在他病故后的第三天。1976年1月11日薄暮时分，周总理的遗体送往八宝山革命公墓火化，途经长安街时，十里长街两侧，100多万首都群众冒着严寒，自发前来送行。人们手捧讣告热泪流，千言万语涌心头，哀思无限，难以诉说。

单大嫂是一家住西四的60岁左右的教师，鬓边已经有了白发，脸庞也有两道清晰的皱纹。她是个刚强的人，好像自出生就不知道什么叫痛苦，从来没有人见她掉过泪。可是，当她得知周总理逝世后要把骨灰撒在祖国大地上和江河里时，禁不住悲痛欲绝，呆呆地哭了好几回。等泪水哭干了，她忍不住一把拉住女儿的手颤声说道："闺女，周总理走了，为啥不用棺材埋在地里，树碑立传，却要把骨灰丢在江河里，你懂得这是什么意思吗？"

女儿迟疑了一下，随即答道："妈，据我所知，共产党人的老祖宗恩格斯去世后，把骨灰撒进大海里，而周总理要把骨灰撒在华夏大地上，这也是一场革命啊！"

原来周总理想的是这个。单大嫂一边流泪，一边将心里的那些话儿说给女儿听："周总理活着，在为国为民鞠躬尽瘁，死而后已。即使死后，也要把骨灰撒在祖国的大地上和江河里，化作伟大的革命种子，孕育一代代后来人，将壮丽的共产主义事业进行到底！"

"是啊，是啊"，女儿接上母亲的话茬，用崇敬、坚毅的语调说，"周总理的骨灰在江河中匆匆流过，但是亿万国人的记忆却难以随它而去，只是存在心底，日复一日，年复一年。"

这时候，母女相互握紧了手。她们只觉得千言万语，都已化作无形的力量凝聚在这紧握的手上。

第九章　勇于担当　鞠躬尽瘁

〔评〕人心自有丰碑在

群山肃立，江河挥泪，神州大地泪纷飞，八亿人民的心都在哭泣。

敬爱的周总理和我们永别了。中国人民的好总理，他的骨灰撒在了祖国的大地上和江河里。

飘拂着雪白须发的老人来了，把一个精制的花圈放在人民英雄纪念碑前；闪动着一双乌黑大眼睛的娃娃来了，捧着一朵雪白的小花，小花下面写着"献给周爷爷！"五个歪斜的小字……一滴滴热泪洒在天安门广场上，一个个花圈放在纪念碑前，一朵朵小白花系在天安门前的苍松翠柏上，一幅幅挽联挂在浮雕碑座的两层栏杆上。这就是人民的意志，人民的哀思，人民的深情！我们敬爱的好总理啊，为人民呕尽心血，操劳一生，没要人民一抔土，不为自己立寸碑。人民的总理人民爱，人民和总理心连心，人民已经把总理的丰碑建造在了自己的心田上！

曾记否？中国历代的封建统治者，无不为自己竖石立碑。秦始皇把碑立在泰山极顶上，清乾隆皇帝题诗立碑于杭州西湖、辉县百泉……但是，尽管他们取料于质地坚硬的石头树碑立传，但到头来不是风化，就是倒塌，没有一个能保持永垂不朽。世界上有没有永不风化、永不倒塌的碑呢？当然有。不过，这碑不是立在高山、大地上，而是立在人民的心中。这是世界上唯一永垂不朽的丰碑。

人民的爱，人民的思念，人民的深情，凝结成一座高耸云霄的丰碑，这碑碣上永远铭刻着周总理的不朽功绩，永远屹立在亿万人民的心田里，谁也推不倒，谁也刷不掉！

主要参考资料

1. 《周恩来年谱》上、中、下卷，中央文献出版社2020年版。

2. 《周恩来选集》上、下卷，人民出版社1980年版。

3. 金冲及主编：《周恩来传》第1—4卷，中央文献出版社2018年版。

4. 庞瑞垠：《早年周恩来》，江苏教育出版社1995年版。

5. 怀恩：《周总理的青少年时代》，四川人民出版社1979年版。

6. 李海文、闰韵、李静编：《周恩来——智慧·勇气·忠诚的化身》，中共中央党校出版社1992年版。

7. 俞辉、钟华主编：《周恩来》，四川人民出版社1992年版。

8. 中共中央文献研究室周恩来研究组等编：《业绩·方略·情怀》，中央文献出版社1994年版。

9. 中国历史博物馆编：《纪念周恩来总理文物选编》，文物出版社1978年版。

10. 权延赤：《走下圣坛的周恩来》，中共中央党校出版社1993年版。

11. 曹应旺主编：《周恩来的智慧》，中共中央党校出版社1994年版。

12. 安建设编：《周恩来的最后岁月》，中央文献出版社1995年版。

13. 力平：《开国总理周恩来》，中共中央党校出版社1994年版。

14. 石仲泉：《周恩来的卓越奉献》，中共中央党校出版社1993年版。

15. 许嘉利等：《名人轶闻六〇〇篇》，中国青年出版社1982年版。

后　记

多年来，我朝思暮想为全国中小学生撰写一部小故事、大情怀的好书。现在，可以说这个愿望终于实现了！我感到如释重负的欣慰。同时，也不禁想起那些难以忘却的支持和帮助。

我忘不了北京图书馆、国防大学图书馆和湖北、河南省图书馆诸多同志为这本书提供史料，有的帮我一遍又一遍地查找，还有的帮我出谋划策。

我衷心感谢中央文献出版社原副总编王春明先生、原总编镡德山先生的大力支持，鼎力相助。

我要感谢在周总理身边工作的范若愚等秘书和警卫、厨师王诗书、桂焕云等同志的协助，对早年任8341部队卫生科科长，多年后任解放军305医院院长的千连弼同志的竭诚相助深表谢忱。

我还要感谢解放军总政治部、河南省军区、郑州警备区等有关领导、河南省军区郑州第二干休所杜忆戎所长、崔健政委、单宏涛参谋、彭湃干事和孙智恒、焦雅婷、陈婉等同志，并向他们致以诚挚的谢意。

这里，我想特别强调的是，本书节选、参考了有关文献档案和出版物的一些精彩片段，在此向这些作品的作者遥致我的谢忱！谢谢！

胡家模

2021年5月9日